Umweltgebete

Lieber Gott, heute habe ich Blumen gepflückt. Wie schön hast du die Blumen gemacht! Entschuldige, dass ich oft so achtlos über die Wiese gerannt bin.

Lieber Gott, gib mir offene Augen für die vielen kleinen Wunder um mich herum. Lass mich erkennen, wo ich etwas gegen die Zerstörung der Schöpfung tun kann.

Lieber Gott, danke für Himmel und Erde, für Wälder, Wiesen, für alle Tiere. Manchmal habe ich Angst, dass wir diese schöne Welt kaputtmachen. Lass es mich besser machen.

Lieber Gott, die Flüsse sind verschmutzt, die Luft ist verpestet, der Boden verseucht. Einige Tiere und Pflanzen sind ausgestorben. Hilf uns, die Erde wieder in Ordnung zu bringen.

Lieber Gott, lass uns beginnen, Land, Luft und das Meer rein zu halten und zu schützen. Du gibst so reichlich, hilf uns, mit allen Menschen zu teilen.

Lieber Gott, du bist unser Schöpfer. Du machst keinen Unterschied zwischen Weißen und Schwarzen, Dicken und Dünnen. Hilf, dass wir uns alle besser verstehen.

Lieber Gott, ich liege auf einer Wiese und schaue den Wolken nach. Die Sonne scheint warm auf meinen Bauch. Ich höre die Vögel zwitschern. Alles ist so schön gemacht. Sei gelobt!

Lieber Gott, heute habe ich einen Regenbogen gesehen. Das hat mich an deinen Bund mit den Menschen erinnert und mich sehr froh gemacht. Danke, dass du immer da bist.

Gebetskartei: Klebe das Blatt auf eine Karteikarte (A4). Schneide die Kärtchen aus. In einem Karteikasten (A7) kannst du sie sammeln und ergänzen.

Tischgebete

Lieber Gott, wir danken dir, dass wir uns satt essen dürfen. Gib auch denen zu essen, die hungern müssen.

Lieber Gott, heute gibt es mein Lieblingsessen. Danke, dass ich mich so darauf freuen kann.

Lieber Gott, segne unser Zusammensein und das gute Essen. Schenk uns Fröhlichkeit und gute Gespräche.

Lieber Gott, ich müsste für das Essen danken, aber Spinat mag ich überhaupt nicht. Bitte hilf mir, trotzdem froh zu sein, dass mein Teller voll ist.

Lieber Gott, wir danken dir für deine Gaben und dafür, dass wir nicht hungern müssen.

Lieber Gott, mach doch, dass die Vitamine aus den Mohrrüben im Pudding sind.

Lieber Gott, wir haben oft viel mehr zu essen als wir brauchen. Lass uns achtsamer mit den Speisen umgehen.

Lieber Gott, danke, dass du unseren Tisch so reichlich deckst und jeden Tag neu für uns sorgst.

Gebetskartei: Klebe das Blatt auf eine Karteikarte (A4). Schneide die Kärtchen aus. In einem Karteikasten (A7) kannst du sie sammeln und ergänzen.

Schulgebete

Lieber Gott, bitte hilf mir heute bei der Mathearbeit. Obwohl ich gelernt habe, verstehe ich viele Aufgaben nicht. Nimm mir die Angst vor einer schlechten Note, damit ich mich besser konzentrieren kann.

Lieber Gott, heute haben die anderen beim Turnen über mich gelacht, weil ich die Übung nicht konnte. Bitte hilf mir, dass ich die Übung lerne oder dass mich keiner mehr auslacht.

Lieber Gott, ich habe eine schlechte Note in der Arbeit geschrieben. Jetzt habe ich Angst, dass meine Eltern traurig und böse sind. Bitte lass sie nicht schimpfen.

Lieber Gott, heute war es schön in der Schule. Mit meinen Freunden hatte ich viel Spaß und im Diktat habe ich eine Zwei geschrieben.
Danke, dass du bei mir warst.

Lieber Gott, hilf mir, dass ich nicht neidisch bin, wenn andere bessere Noten haben, dass ich nicht mitlache, wenn einer ausgelacht wird, dass ich die Wahrheit sage, auch wenn lügen leichter wäre.

Lieber Gott, du bist immer bei mir: wenn ich in die Schule gehe oder auf den Spielplatz, wenn ich zum Fußballtraining gehe oder mit meinem Fahrrad durch den dicksten Verkehr muss. Danke, dass du mich überall begleitest.

Lieber Gott, ich kann nicht jeden Tag gleich freundlich oder gleich fleißig sein. Bitte hilf mir, dass ich nicht um mich schlage, wenn Schulkameraden mich nerven. Du hast mich immer lieb, auch wenn ich Unrecht getan habe. Danke!

Lieber Gott, danke für alle, die ich in der Schule treffe: für den Hausmeister, für alle, die für uns sauber machen, für die Lehrer, die uns etwas beibringen wollen und für die vielen Freunde und Freundinnen.

Gebetskartei: Klebe das Blatt auf eine Karteikarte (A4). Schneide die Kärtchen aus. In einem Karteikasten (A7) kannst du sie sammeln und ergänzen. !

Die Gebote Gottes (5. Mose 5,1-21)

Mose geht auf den Berg Sinai und erhält von Gott die Zehn Gebote.

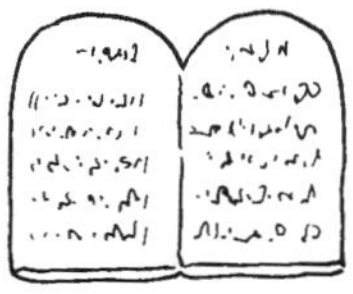

21

22

Mose ließ das Götzenbild einschmelzen. Den in Wasser eingerührten Goldstaub gab er den Israeliten zu trinken. Er sprach mit Gott auf dem Berg. Nach vierzig Tagen hatte Gott seinem Volk vergeben.

Aaron macht ein goldenes Stierbild aus dem Goldschmuck der Israeliten.

Mose sieht, was das Volk getan hat, und wird zornig.

Bd. 178. Heinz-Lothar Worm/Martina Schlecht: Religion – 3. Schuljahr

Gebote-Lesezeichen-Fächer (1)

Bastelanleitung

So kannst du dir einen Gebote-Lesezeichen-Fächer basteln:
Kopiere oder klebe die Vorlagen auf festen Karton, male die einzelnen Fächer-Streifen bunt an und schneide sie aus. Hefte alle zehn Gebote der Reihenfolge nach mit einer Heftklammer in dem vorgesehenen Loch zusammen.

I

Ich bin der Herr, dein Gott! Neben mir gibt es keine anderen Götter. Fertige dir kein Gottesbild an.

II

Missbrauche nicht den Namen des Herrn, deines Gottes, denn der Herr wird jeden bestrafen, der das tut.

III

Beachte den Tag der Ruhe; er gehört dem Herrn. Der siebte Tag soll ein Ruhetag sein.

IV

Ehre Vater und Mutter! Dann wirst du lange leben in dem Land, das dir der Herr, dein Gott, gibt.

V

Morde nicht!

Gebote-Lesezeichen-Fächer (2)

Such dir ein Gebot aus, das dir besonders am Herzen liegt und nimm es heraus. Knüpfe ein buntes Wollband in das Loch und benutze es als Lesezeichen in deinem Lieblingsbuch.

VI

Zerstöre keine Ehe!

VII

Beraube niemand seiner Freiheit und seines Eigentums!

VIII

Sage nichts Unwahres über deinen Mitmenschen!

IX

Suche nicht, die Frau eines anderen an dich zu bringen!

X

Blicke nicht begehrlich auf das, was einem anderen gehört, sein Haus oder sonst irgendetwas, das ihm gehört.

Die Wohnung Gottes (2. Mose 35 bis 40; 3. Mose 8)

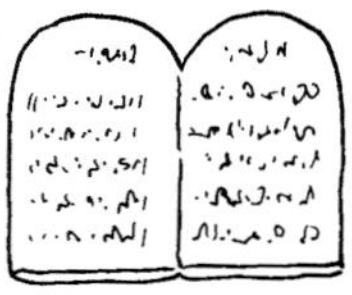

23

24

Mose salbte Aaron zum Hohepriester. Auch Aarons Söhne wurden Priester.

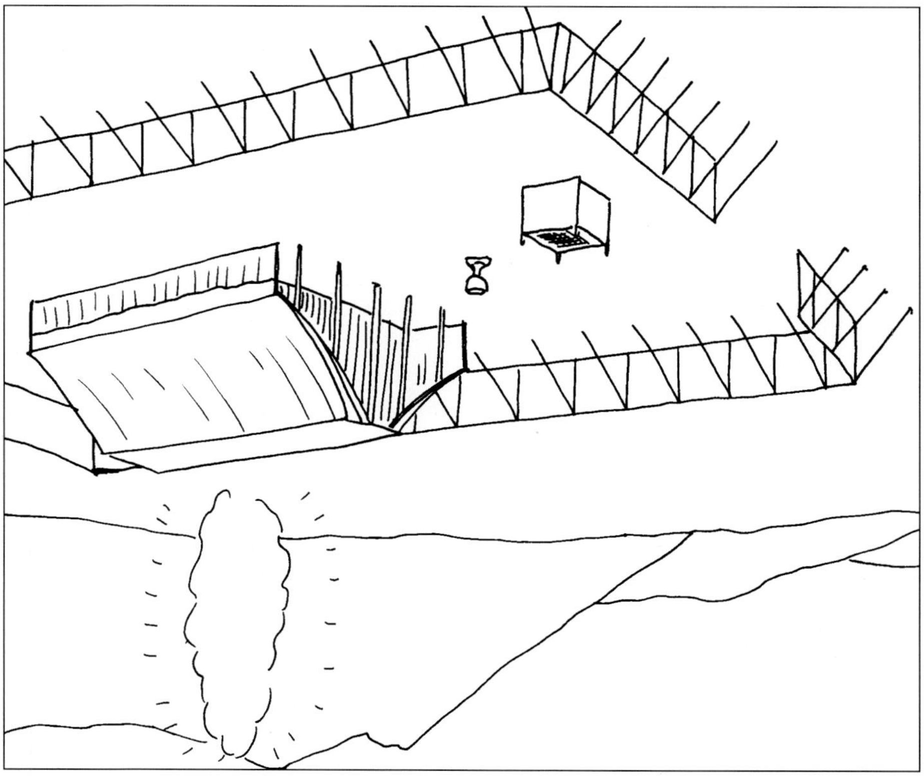

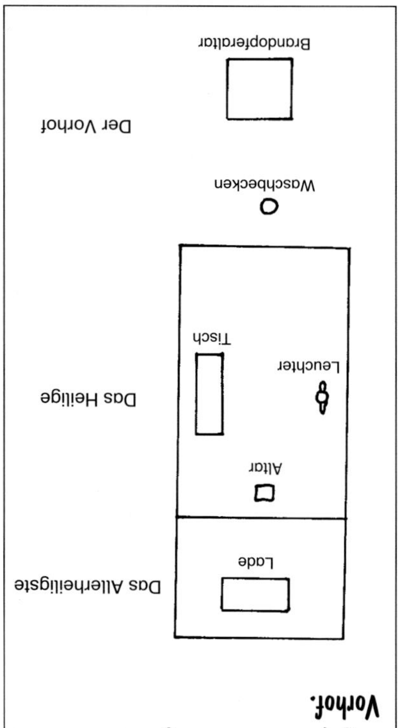

Lageplan des heiligen Zeltes mit Vorhof.

Der Tempel von Jerusalem (1)

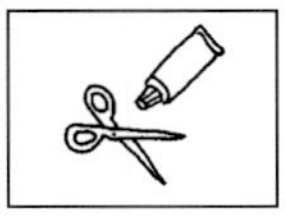

Bastelt in eurer Gruppe den Tempel von Jerusalem nach!

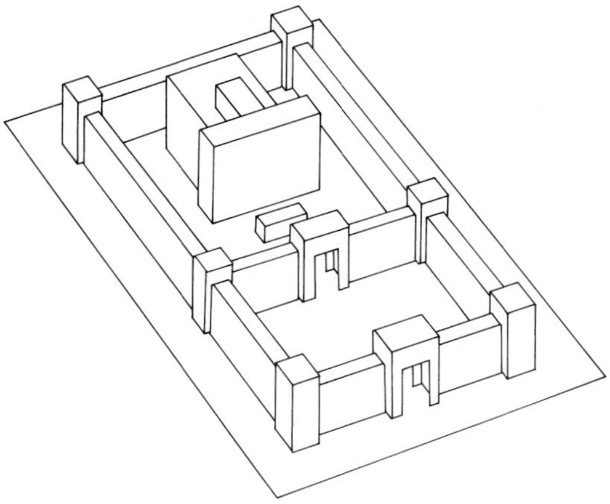

Material:
Schere, Klebstoff, Buntstifte, Pappe, festes Zeichenpapier.

Vorbereitung:
Vergrößere die Blätter 35–40 am Fotokopierer auf A3 und klebe oder kopiere sie auf festes Zeichenpapier.

Ausführung:
1. Male alle Einzelteile von Blatt 35–39 an und schneide sie aus.
2. Klebe den Grundriss (Blatt 40) auf Pappe.
3. Falte alle Einzelteile an den punktierten Linien und verklebe die Klebeflächen.
4. Platziere die fertigen Einzelteile auf dem Grundriss. Klebe jedes Teil am Grundriss und an seinen Nachbarteilen fest.

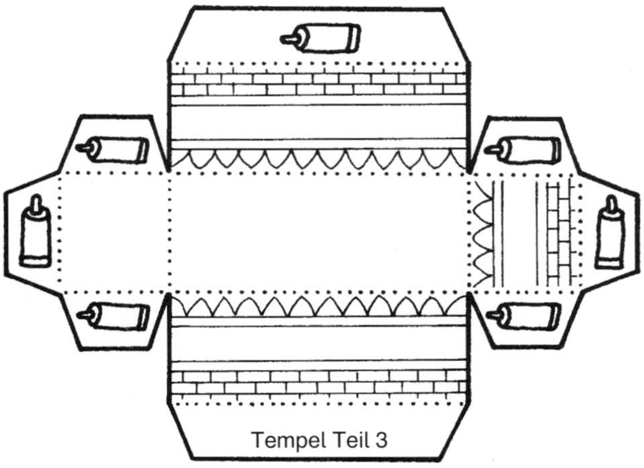

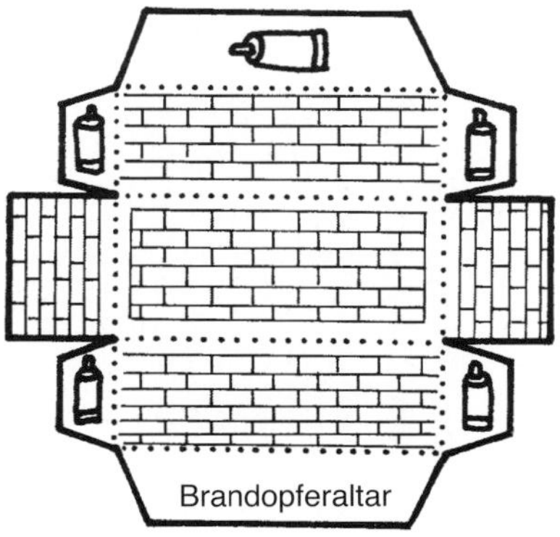

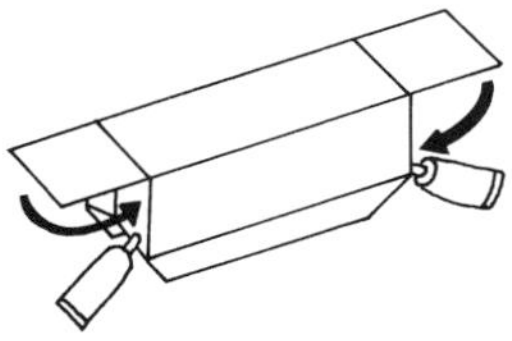

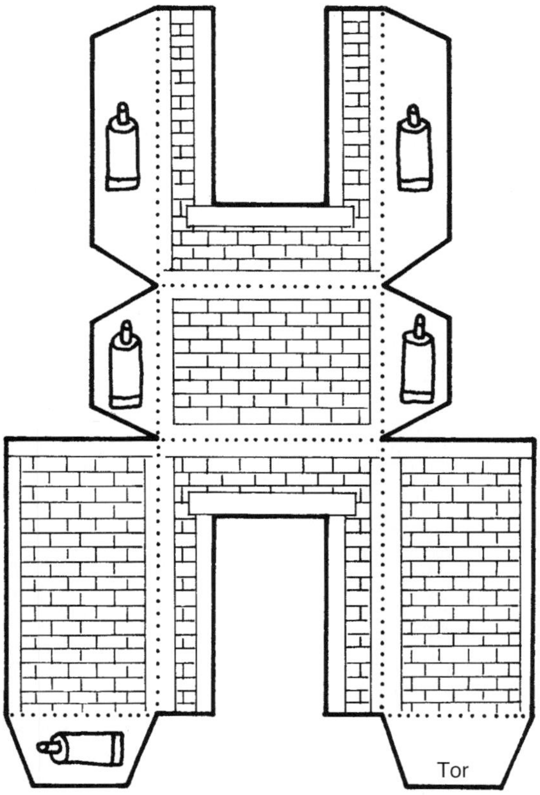

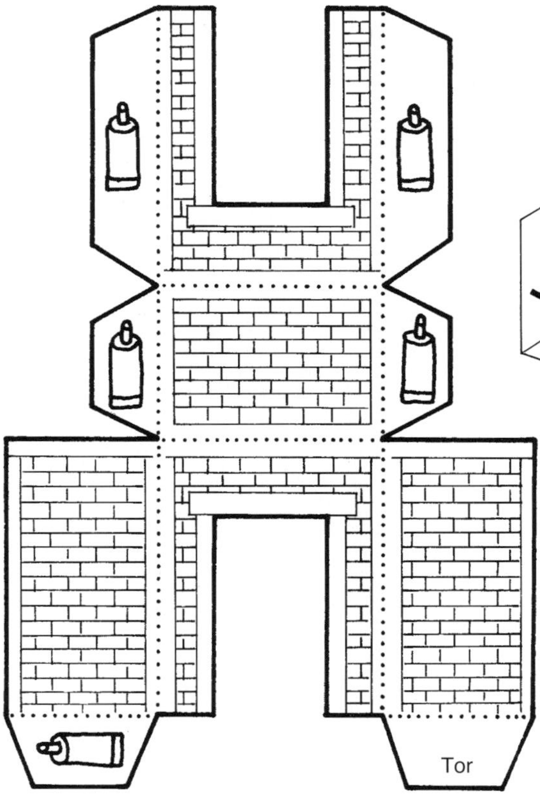

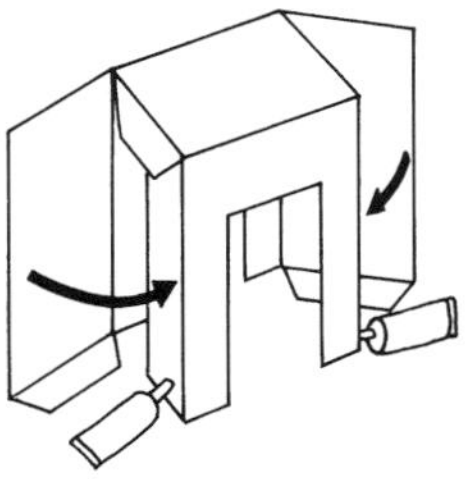

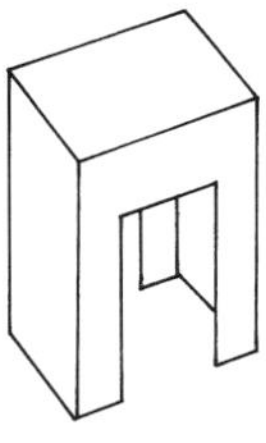

Der Tempel von Jerusalem (2)

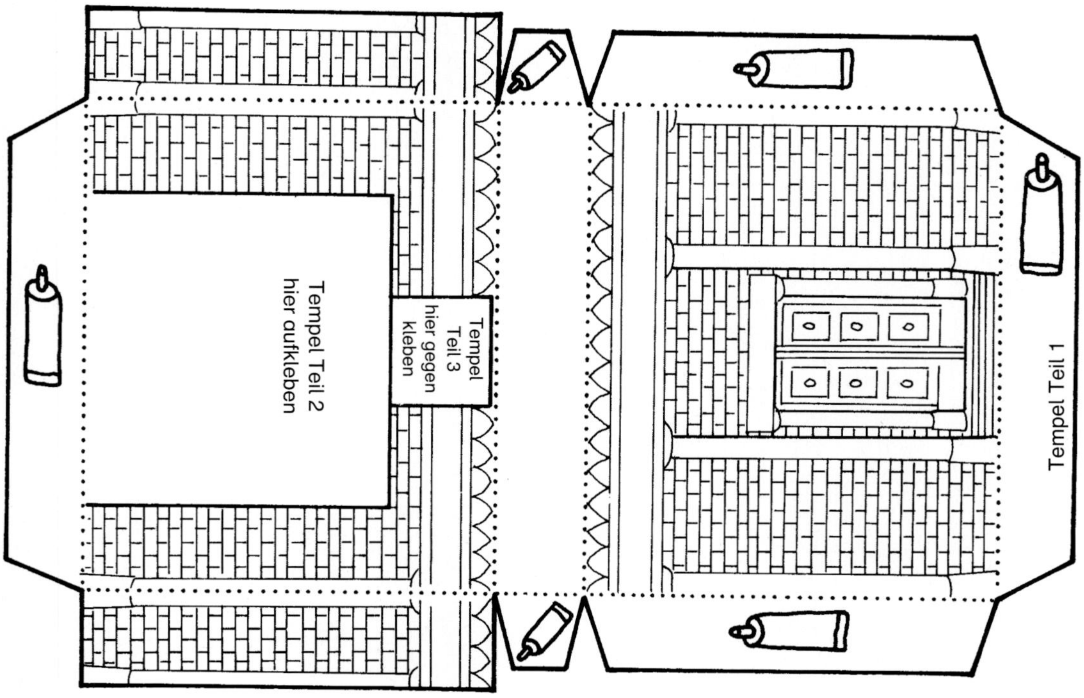

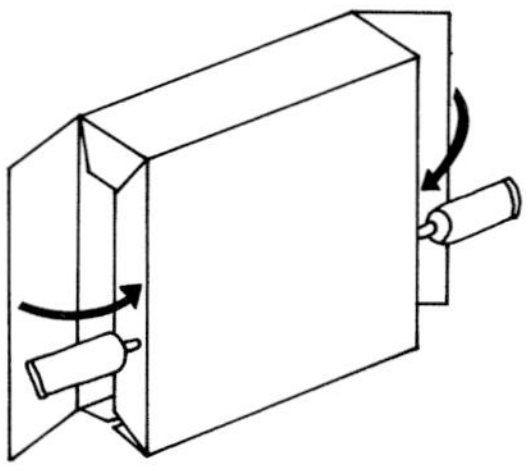

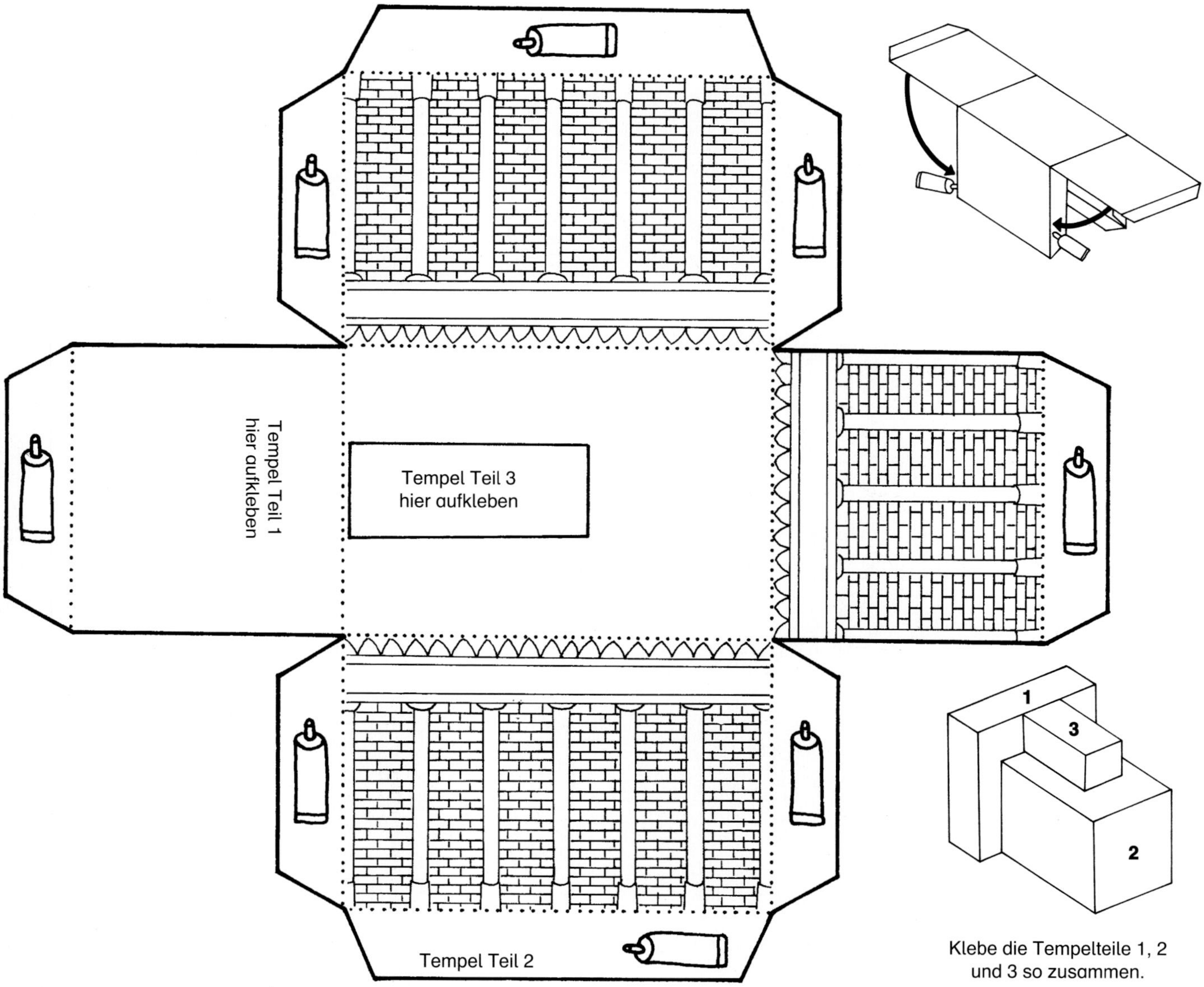

Klebe die Tempelteile 1, 2 und 3 so zusammen.

Der Tempel von Jerusalem (3)

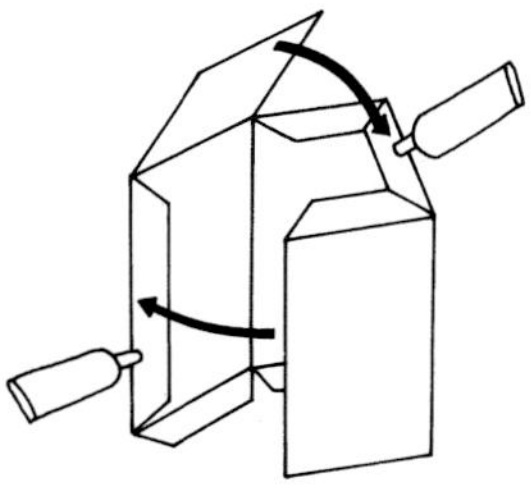

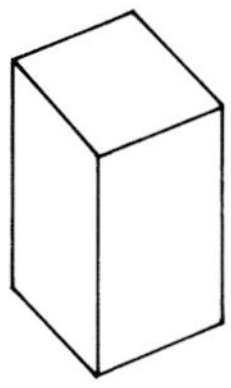

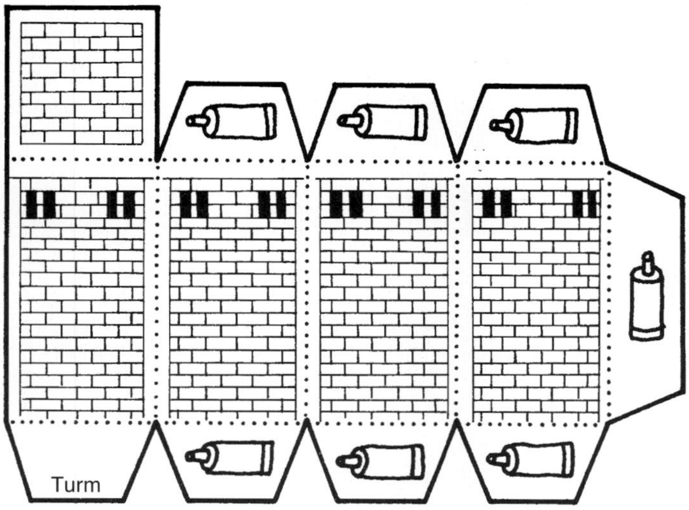

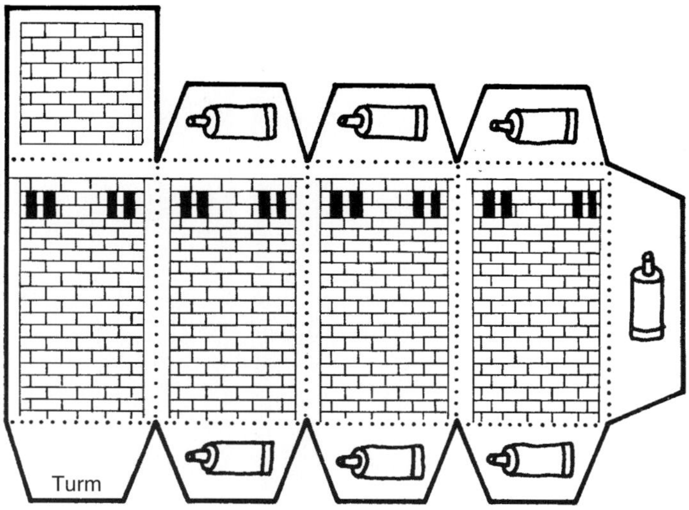

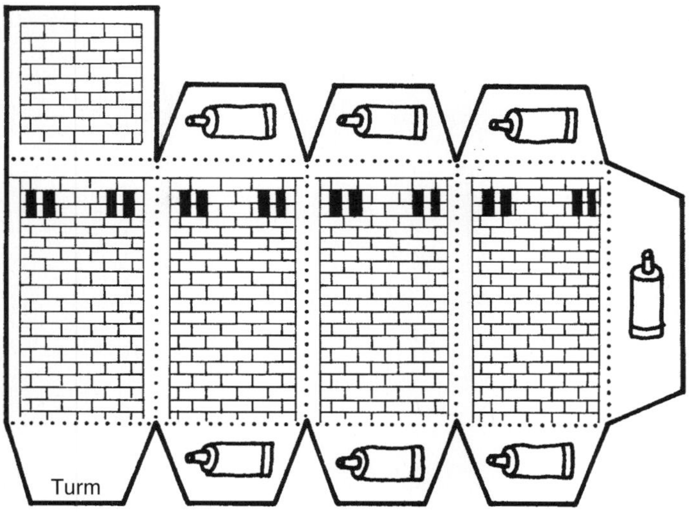

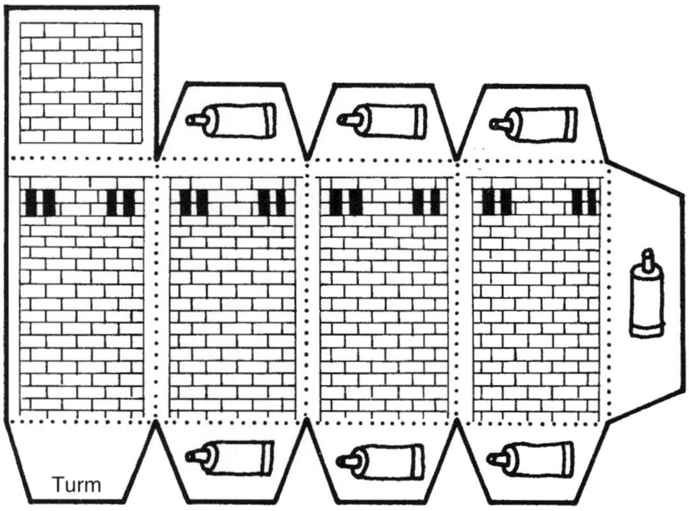

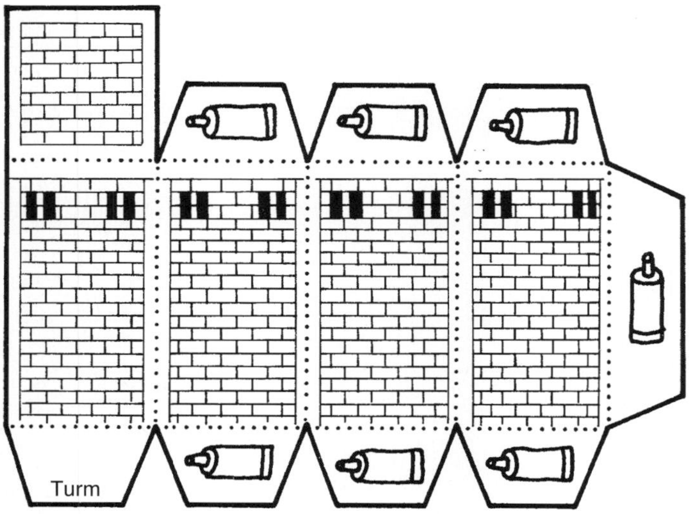

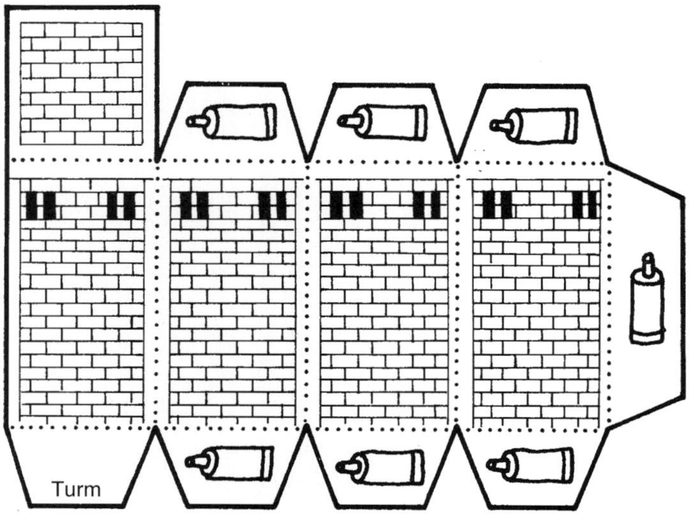

Der Tempel von Jerusalem (4)

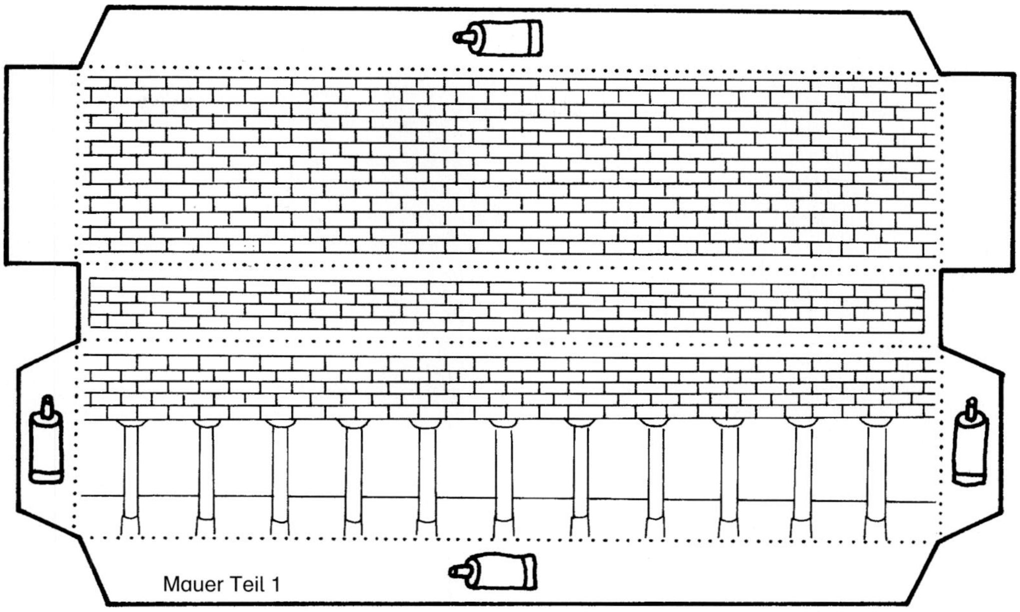

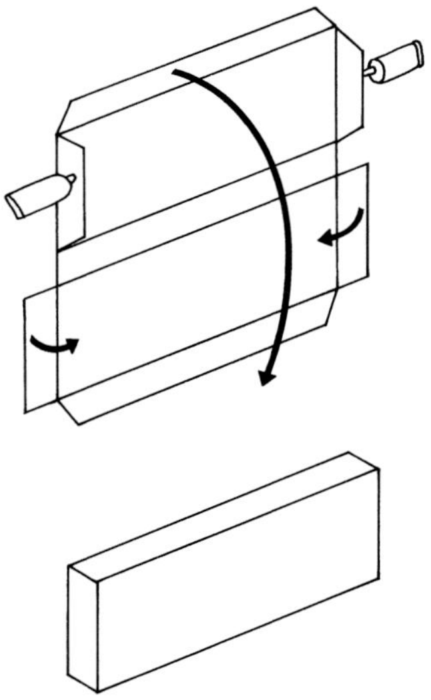

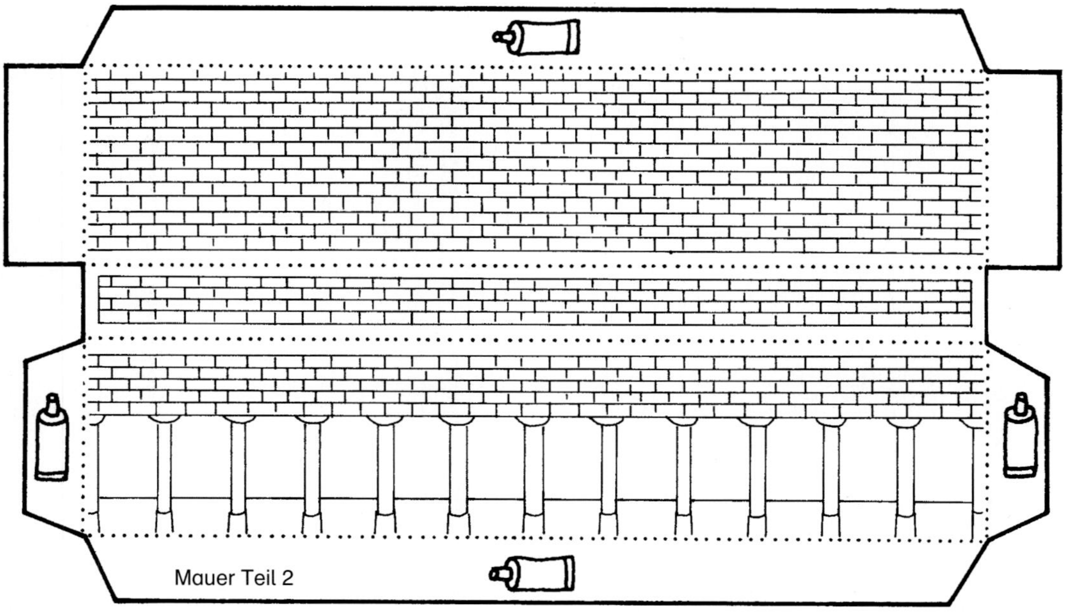

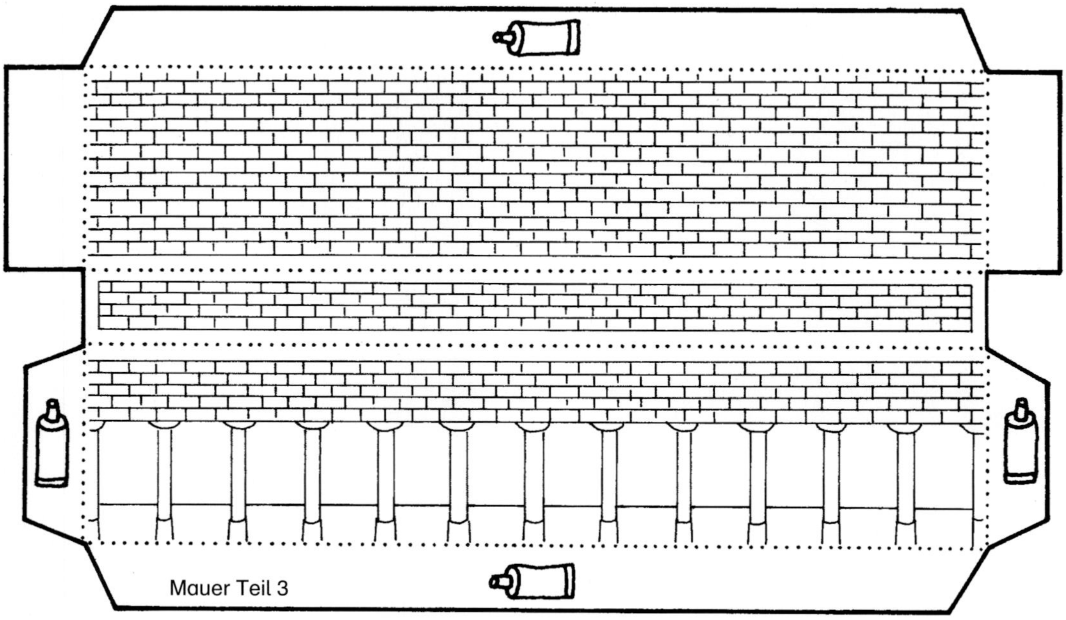

Der Tempel von Jerusalem (5)

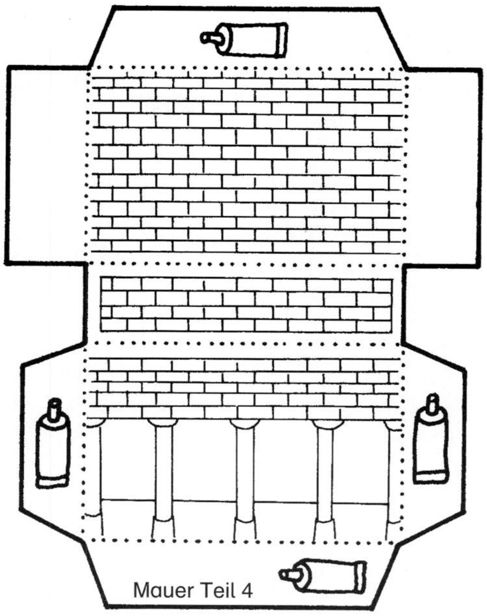

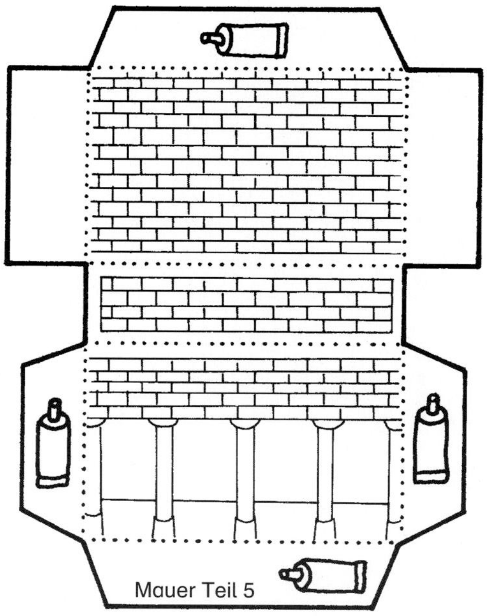

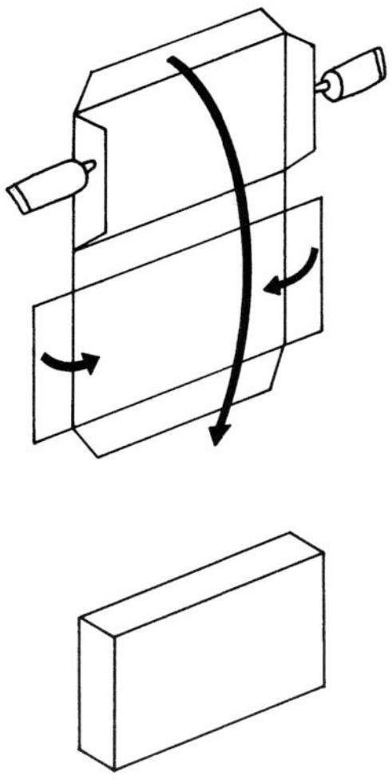

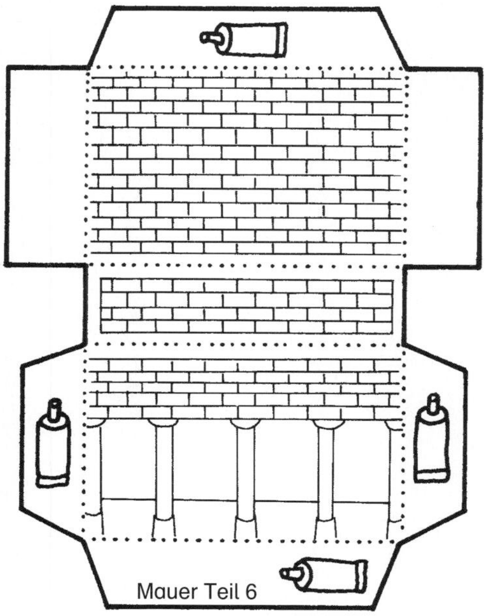

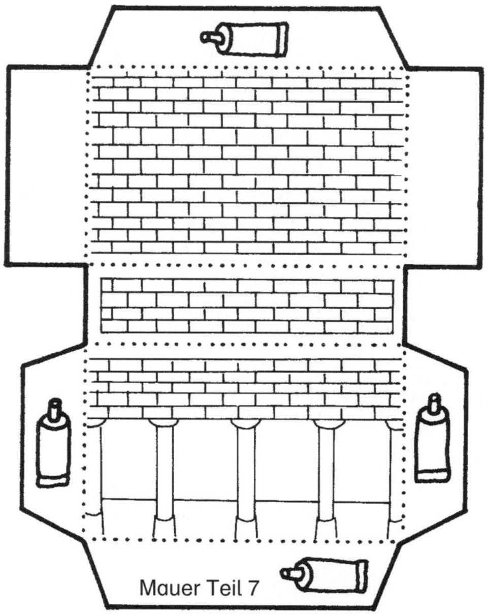

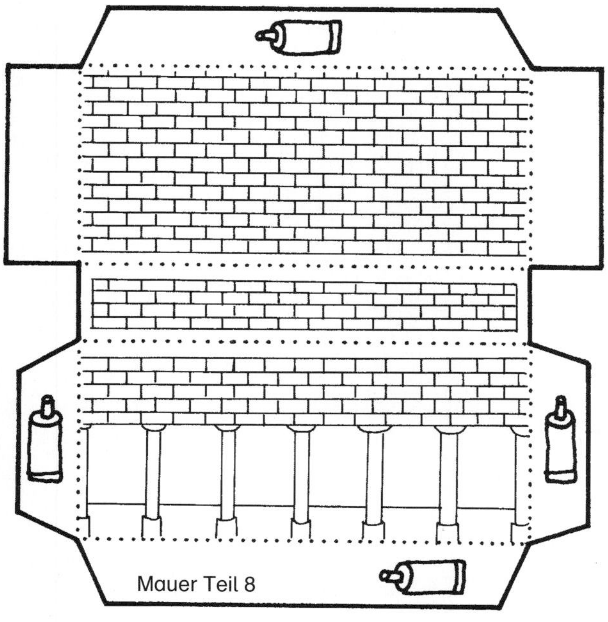

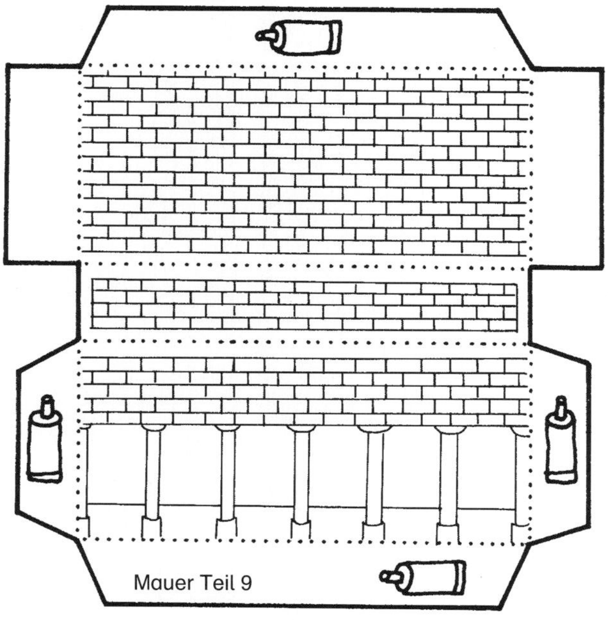

Der Tempel von Jerusalem (6)

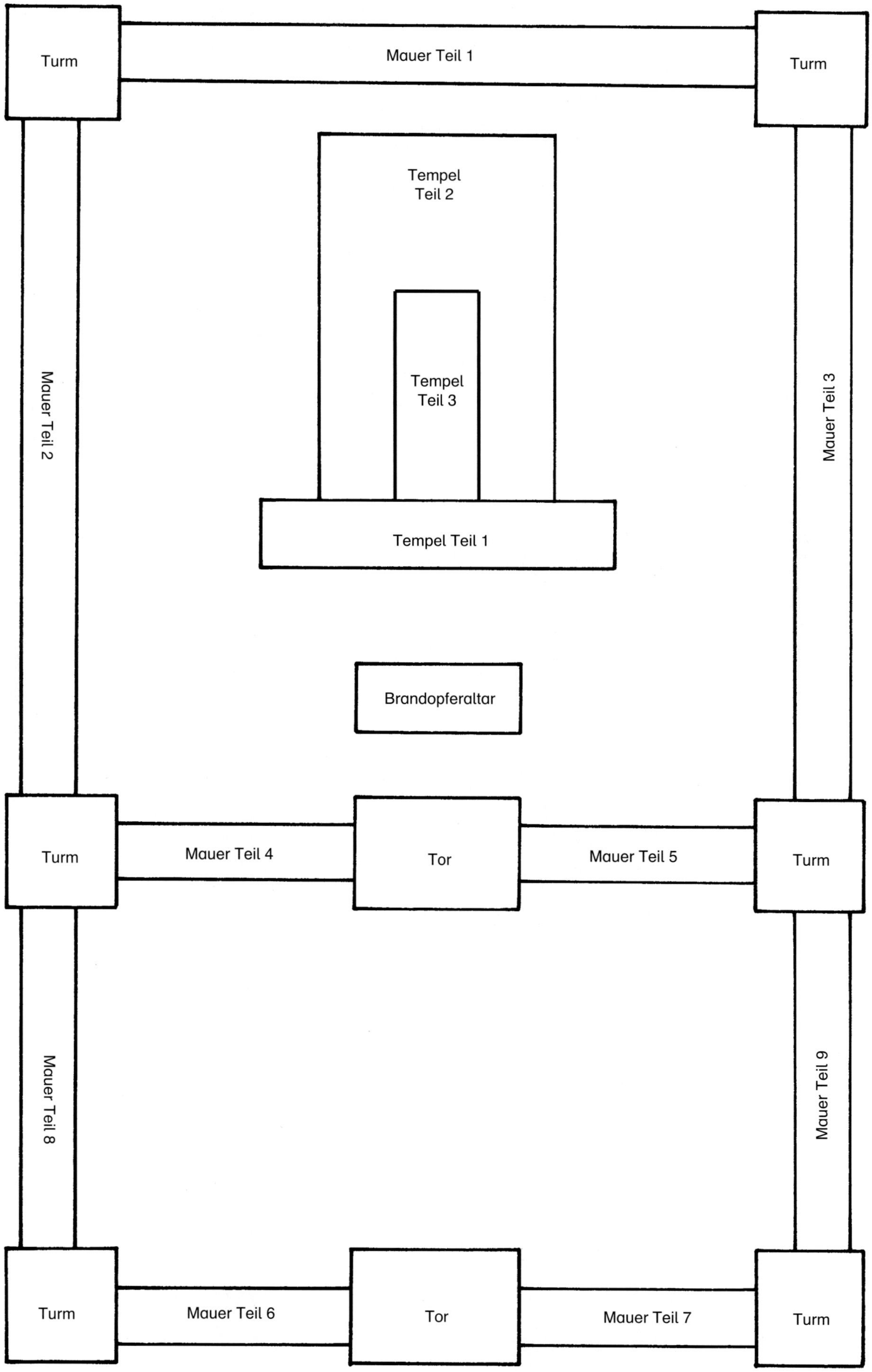

Familienstreit (4. Mose 12)

Das Volk beklagte sich immer wieder bei Mose. Sie hatten Hunger. Da schickte Gott ein Feuer ins Lager, weil sie so undankbar waren. Doch Gott erhörte Moses Bittgebete. Das Feuer erlosch und Gott sorgte für Nahrung.

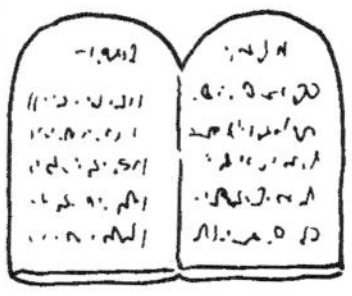

25

26

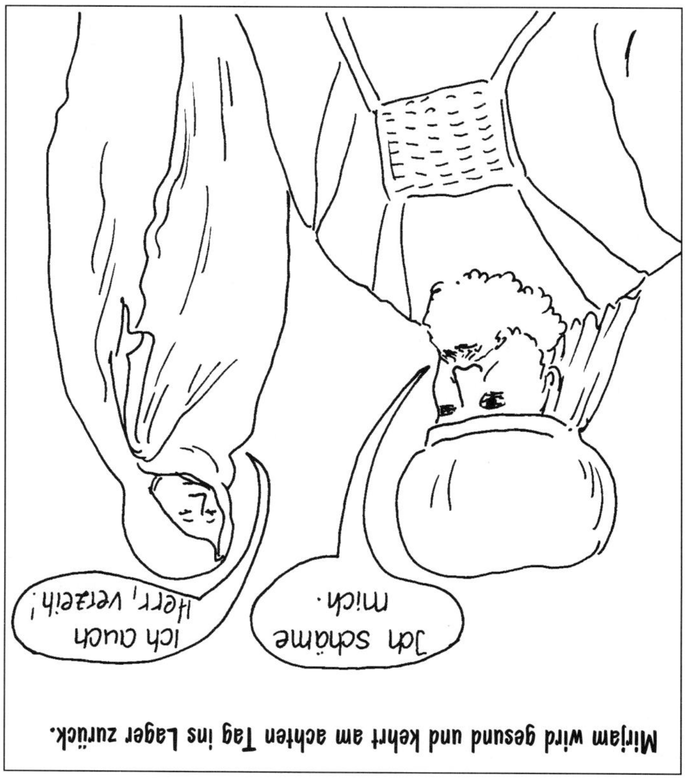

Endlich waren die Israeliten vor dem Land Kanaan. Es wurden Kundschafter ausgesandt, die berichteten, dass es ein Land sei, in dem Milch und Honig fließen. Aber es gäbe dort auch starke Riesen und Städte mit hohen Mauern. Die Kundschafter kamen sich wie kleine Heuschrecken vor.

Daraufhin geriet das Volk in Streit. Sie vertrauten Gott nicht mehr. Darum mussten sie noch 40 Jahre in der Wüste bleiben.

Rebellion (4. Mose 13, 14 und 16)

Das Volk lehnt sich immer wieder gegen Mose auf und glaubt Gottes Verheißungen nicht.

Der Streit geht weiter. Korah und seine Leute rebellieren gegen Mose.

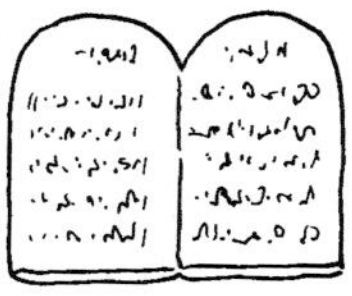

27

28

Jede Schwierigkeit bringt das Volk Israel zum Murren. Da schickt Gott giftige Schlangen.

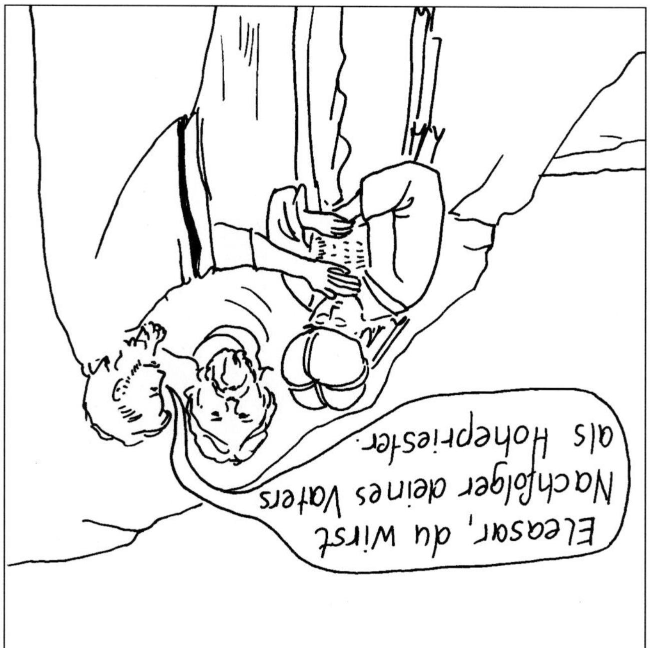

Gott hat bestimmt, dass Mose und Aaron das Volk nicht ins gelobte Land bringen dürfen. Aaron stirbt auf dem Berg Horeb.

Moses Ende (5. Mose 31,1-8; 33 und 34)

Das Volk Israel führte viele Kriege. Sie wurden von Josua angeführt. Da Gott mit ihnen war, konnten sie siegen und das Land erobern.

An der Grenze des versprochenen Landes ruft Mose Josua zu sich ...

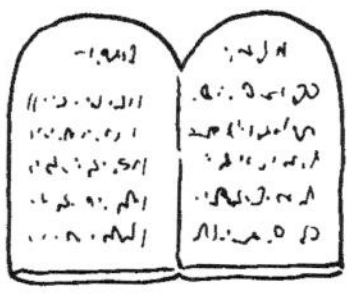

29

30

Mose nimmt Abschied ...

Mose steigt auf den Berg Nebo. Er sieht das versprochene Land und stirbt.

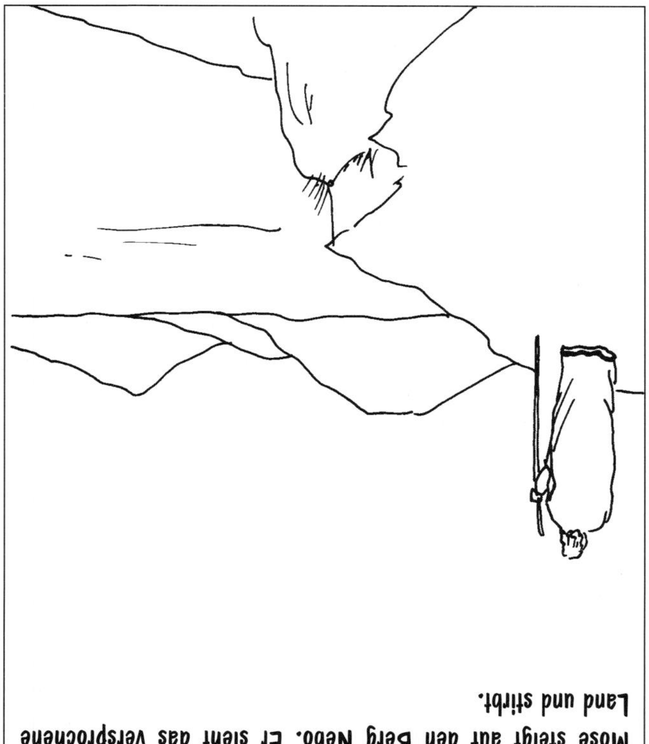

Bd. 178. Heinz-Lothar Worm/Martina Schlecht: Religion – 3. Schuljahr

Die Passionsgeschichte – Texte

Schneide die Bildunterschriften aus und klebe sie in der richtigen Reihenfolge unter die Bilder der Seiten 45–48.

Judas verrät Jesus für 30 Silbertaler.

Jesus wird als „Judenkönig“ verspottet und gegeißelt.

Bei Pilatus: Das Volk will, dass Jesus gekreuzigt wird.

Jesus zieht in Jerusalem ein.

Jesus muss sein Kreuz tragen.

Jesus feiert mit seinen Jüngern das letzte Abendmahl.

Jesus wird zwischen Verbrechern ans Kreuz geschlagen.

Petrus behauptet Jesus nicht zu kennen.

Jesus betet im Garten Getsemane.

Die Frauen kommen zum leeren Grab.

Jesus wird gefangen genommen.

Die Passionsgeschichte (1)

Die Passionsgeschichte (2)

Die Passionsgeschichte (3)

Bd. 178. Heinz-Lothar Worm/Martina Schlecht: Religion – 3. Schuljahr

Die Passionsgeschichte (4)

Geborgenheit und Angst (1)

Die Geschichte der Jünger im Sturm

Am Abend sagte Jesus zu seinen Jüngern: „Kommt, wir fahren zum anderen Ufer hinüber!“ Die Jünger schickten die Menschenmenge weg. Dann stiegen sie ins Boot, in dem Jesus noch saß, und fuhren ab. Auch andere Boote fuhren mit. Da kam ein schwerer Sturm auf, sodass die Wellen über Bord schlugen. Das Boot füllte sich schon mit Wasser, Jesus aber schlief im Heck des Bootes auf einem Kissen. Die Jünger weckten ihn und riefen: „Kümmert es dich nicht, dass wir untergehen?“ Da stand Jesus auf, bedrohte den Wind und befahl dem tobenden See: „Still! Gib Ruhe!“ Der Wind legte sich und es wurde ganz still. „Warum habt ihr solche Angst?“, fragte Jesus. „Habt ihr denn immer noch kein Vertrauen?“ Da befiel sie große Furcht und sie fragten sich: „Was ist das für ein Mensch, dass ihm sogar Wind und Wellen gehorchen?“

(Mk 4,35-41)

Erzähle, wie du einmal Angst hattest.

Schreibe auf, was dir Angst macht.

Jesus macht den ängstlichen Jüngern Mut, als er von ihnen Abschied nimmt: „Ich bin immer bei euch, jeden Tag, bis zum Ende der Welt.“

(Mt 28,20)

Geborgenheit und Angst (2)

Sicher durch das Feuer

Peters Mutter hatte einen großen Hühnerhof. Ein junges Huhn war ganz schwarz. Peter mochte es besonders gerne, brachte ihm besonderes Futter und gab ihm einen Namen. Er nannte das schwarze Huhn Henriette. Henriette war so zahm, dass sie sich von ihm streicheln ließ. Peter bat seine Mutter: „Bitte, schenk mir doch die Henriette!“ Die Mutter war einverstanden. Natürlich blieb Henriette auf dem großen Hühnerhof bei allen anderen Hühnern, aber Peter kümmerte sich besonders um sein Huhn. Eines Tages war Henriette nicht mehr zu sehen. Die Mutter sagte ihm: „Sie hat in der Scheune in einer dunklen Ecke ein Nest gebaut. Dort sitzt sie und brütet.“ Peter musste sich drei Wochen gedulden. Da kam seine Henriette mit neun kleinen Küken zum Vorschein. Stolz führte sie sie auf der großen Wiese spazieren. Peter brachte ihr besonders viele Leckerbissen.
Eines Tages, das Gras war nach einer langen Trockenheit überall verdörrt, sah Peter Rauch im Garten. Die Hitze hatte das Gras entzündet, es brannte lichterloh. Alle Hühner rannten eilig zurück in ihr Hühnerhaus, nur Henriette mit ihren Küken fehlte. Erst als der Brand erloschen war, konnte er sie suchen. Und er fand sie. Sie saß mitten im verkohlten Gras. Er streichelte sie wie immer, aber da fiel sie zur Seite. Sie war tot. Doch neun gelbe Küken kamen gesund und munter hervor. Unter den Flügeln ihrer Mutter waren sie geborgen gewesen.

Schreibe auf, bei welchen Menschen und an welchen Orten du dich ganz sicher fühlst.

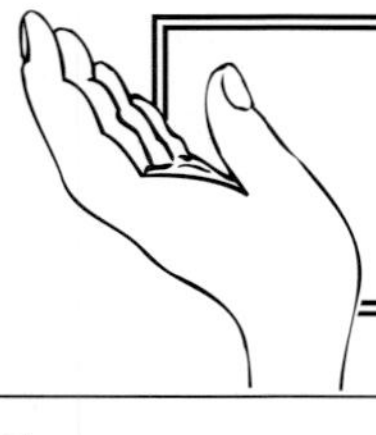

Bei Jesus können die Menschen sich geborgen fühlen wie Küken unter den Flügeln ihrer Mutter.

Bd. 178. Heinz-Lothar Worm/Martina Schlecht: Religion – 3. Schuljahr

Wer einen Freund hat

Wer einen Freund hat

Text und Melodie: Heinz-Lothar Worm

2. Gott ist mein Freund, ich brauch mich nicht zu fürchten.
Gott ist mein Freund, bei ihm wird es hell.
Auch wenn die Angst mich plötzlich überfall'n will,
merk ich es bald, er nimmt sie fort ganz schnell.

Deckblatt und Bastelanleitung

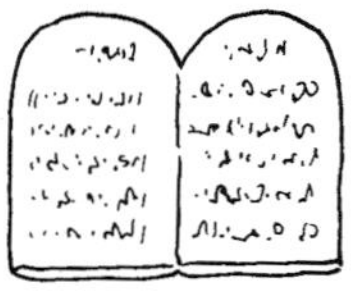

Die Geschichte von Mose

(2. Mose–5. Mose)

Name: ______________________________

Bastelanleitung

So kannst du dir dein eigenes Geschichtenbuch basteln:
Wie du die verschiedenen Geschichtenblätter für dein Buch vorbereitest, zeigen dir die Abbildungen (unten). Du brauchst das Blatt nur an der Punktlinie zu knicken (A), an den Ecken zusammenzukleben (B) und zu lochen (C). Ordne sie und binde sie mit einem hübschen Band zusammen.

Ⓐ

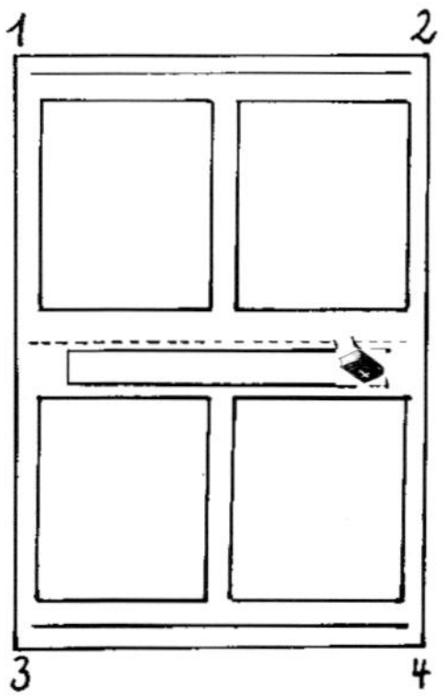

Ⓑ

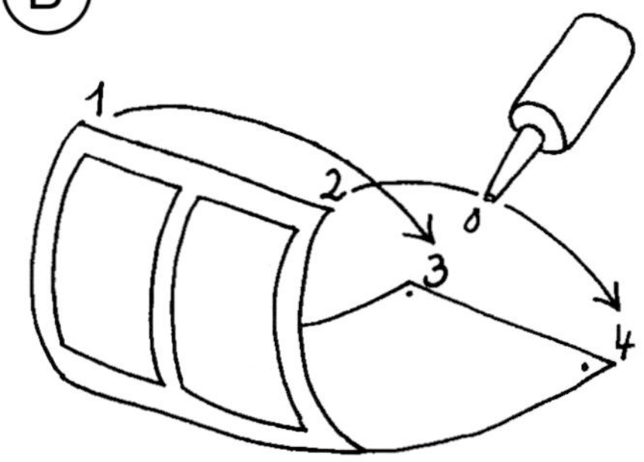

Ⓒ

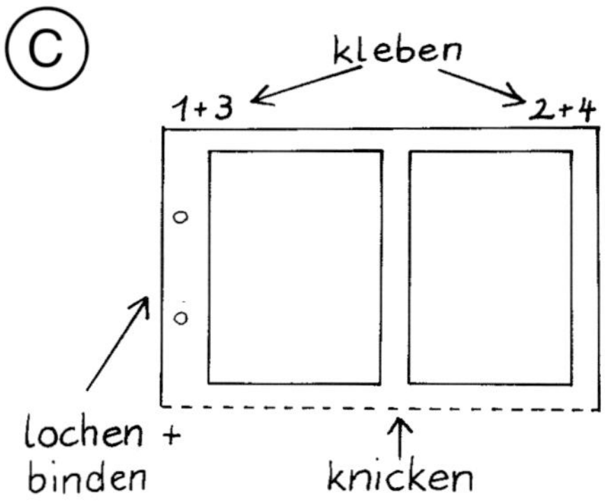

So erhältst du einen schönen Umschlag:
Wenn du **diese** Seite in der Mitte durchschneidest, erhältst du die erste Seite (oben) und die letzte Seite (unten) für dein Buch. Den Umschlag kannst du auch aus farbigem Tonpapier (A5) gestalten. Für das Deckblatt schneidest du nur den Rahmen (oben) aus und klebst ihn auf das Tonpapier.
Viel Spaß beim Basteln und Sammeln!

Moses Rettung (1) (2. Mose 1 und 2)

Die Nachkommen Jakobs kamen nach Ägypten und verbreiteten sich dort zu einem großen Volk. Der neue Pharao bekam Angst vor ihnen. Darum zwang er sie, für ihn als Sklaven zu arbeiten.

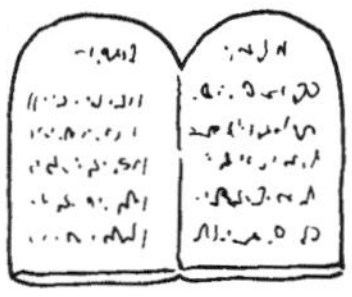

1

2

Die Mutter macht einen Korb und dichtet ihn mit Pech ab. Sie legt das Kind hinein.

Die Tochter des Pharaos findet beim Baden den Korb mit dem Jungen.

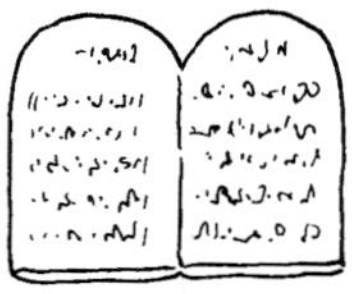

3

4

Mose lebte als Prinz im Palast des Pharaos. Er sah, wie ein Ägypter einen Hebräer tötete. Da erschlug er den Ägypter. Der Pharao wollte Mose töten lassen. Da floh dieser in das Land Midian. Dort heiratete er Zippora und bekam einen Sohn.

So kommt es, dass die Frau ihr eigenes Kind mit nach Hause nehmen und stillen darf.

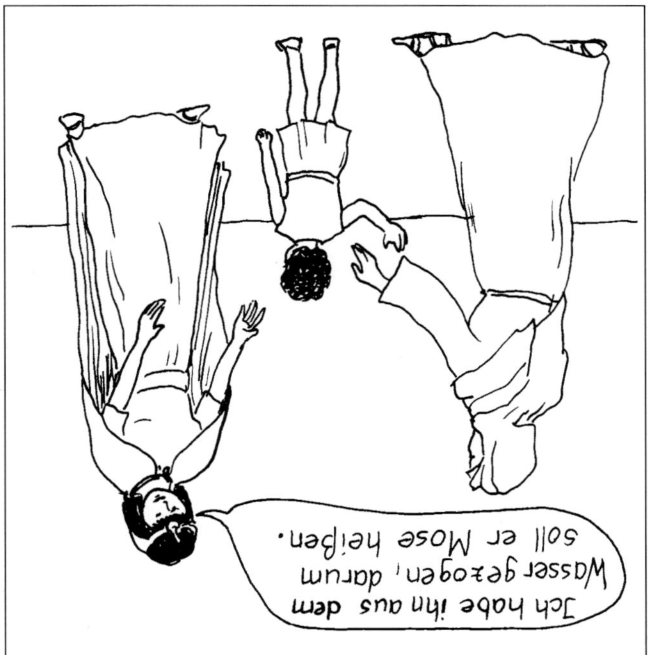

Als der Junge groß genug ist, bringt die Mutter ihn in den Palast. Die Tochter des Pharaos adoptiert ihn als ihren Sohn.

Der Fünfzigeuroschein

Christoph ging gerne zu seinem Großvater. Der Großvater wohnte am anderen Ende der Stadt in einer kleinen Wohnung unter dem Dach. Mit dem Großvater konnte Christoph manchmal ein bisschen herumtoben, er konnte mit ihm Würfelspiele machen und außerdem konnte er sich gut mit ihm unterhalten. Großvater und Christoph waren richtig gute Freunde. Eines Tages nun geschah etwas, das die Freundschaft fast zerstört hätte, wenn nicht ...

Christoph und Großvater hatten Halma gespielt. Christoph hatte Durst bekommen und war in Großvaters kleine Küche gegangen, um sich etwas Limonade zu holen. Da lag ein zusammengefalteter Geldschein auf der Anrichte. Christoph musste zweimal hinsehen. Fünfzig Euro! Die fehlten ihm gerade noch, dann hatte er sein Geld für die Inliner zusammen. Christoph wusste selbst nicht mehr so richtig, wie ihm geschah, aber plötzlich hatte er den Fünfzigeuroschein in der Hosentasche. „Du kannst doch deinen eigenen Großvater nicht bestehlen", hatte eine Stimme in ihm gesagt. Aber eine andere Stimme hatte gemeint: „Wenn du ihn fragen würdest, dann würde er dir das Geld sowieso schenken. Du kannst es ruhig nehmen."

Christoph verabschiedete sich dann bald von Großvater und ging heim. In seinem Zimmer holte er den Schein aus der Tasche und sah ihn an. Also ... froh über den Schein war er nicht. „Du Dieb!", sagte eine Stimme in ihm. „Du hast deinem Großvater Geld weggenommen. Du bist ein schlechter Junge!" Christoph wollte die Stimme nicht hören.

Er schaltete den Fernseher an, aber die Stimme war lauter als der Fernseher. Da klingelte das Telefon. Großvater war am Apparat. „Stell dir vor, Christoph, ich vermisse einen Fünfzigeuroschein", sagte er. „Ich meine, der hätte auf der Anrichte in der Küche gelegen. Lag er da, als du die Limonade geholt hast?" Christoph schlug das Herz bis zum Hals. Er stotterte: „Ich ... ich ... habe kein Geld gesehen." „Dann muss ich es wohl verlegt haben. Entschuldige den Anruf", sagte Großvater.

Christoph fühlte sich hundeelend. Er war nicht nur ein Dieb, er war auch ein Lügner. Wenn er doch die Sache nur ungeschehen machen könnte! Abends hielt er es einfach nicht mehr aus.

Sprecht darüber, wie diese Geschichte weitergehen könnte.
Was wird Christoph tun? Was würdest du tun?

Schuld und Vergebung (2)

Christoph legte sich Papier und einen Bleistift hin, setzte sich an den Schreibtisch und schrieb einen Brief an Großvater.

Lieber Opa,

ich war es doch. Ich habe das Geld weggenommen. Aber es tut mir sehr leid. Deswegen stecke ich den Schein mit in den Brief. Dann hast du ihn zurück. Vielleicht kannst du mich jetzt nicht mehr leiden. Am Donnerstag komme ich zu dir. Wenn du mich nicht mehr magst, dann nimm die Blume weg, die vor deiner Tür steht. Und wenn du mich doch noch magst, lass die Blume stehen. Wenn dann keine Blume da steht, gehe ich wieder weg.

Viele Grüße

dein Christoph

Den Brief steckte Christoph am Dienstag in Großvaters Briefkasten.
Christoph spürte, wie sein Herz klopfte, als er am Donnerstag vor Großvaters Haus stand. Hatte der Großvater die Blume weggenommen? Ganz langsam ging er die Treppe hoch. Und da sah er es. Großvater hatte nicht nur die Blume stehen lassen, nein, er hatte alle Blumen aus seiner kleinen Wohnung vor die Tür gestellt.

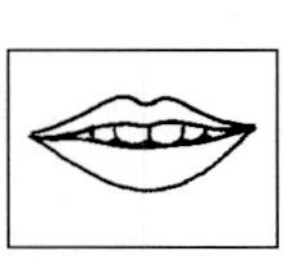

Sprecht über das Verhalten des Großvaters. Was hättest du an seiner Stelle getan?

Gott sendet Mose als Retter (2. Mose 3 bis 5)

Mose hütet die Schafe und Ziegen seines Schwiegervaters. Er kommt an den Gottesberg Sinai. Da entdeckt er einen brennenden Strauch.

Er geht näher heran, da ertönt eine Stimme: „Mose! Geh zum Pharao und sage ihm, er soll die Israeliten freilassen."

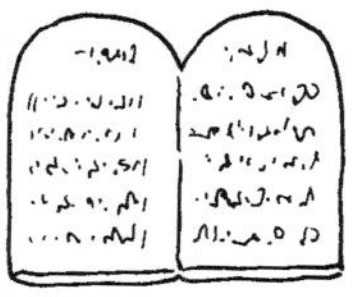

5

6

Daraufhin peinigte der Pharao die Hebräer mit noch mehr Strafen, Arbeiten und Prügel. Die Hebräer wurden wütend auf Mose und Aaron. Da griff der Herr ein.

Mose macht sich mit seiner Frau und den Kindern auf den Weg nach Ägypten. Im Sinai-Gebirge trifft er seinen Bruder Aaron.

Mose und Aaron gehen zum Pharao.

Das Vaterunser

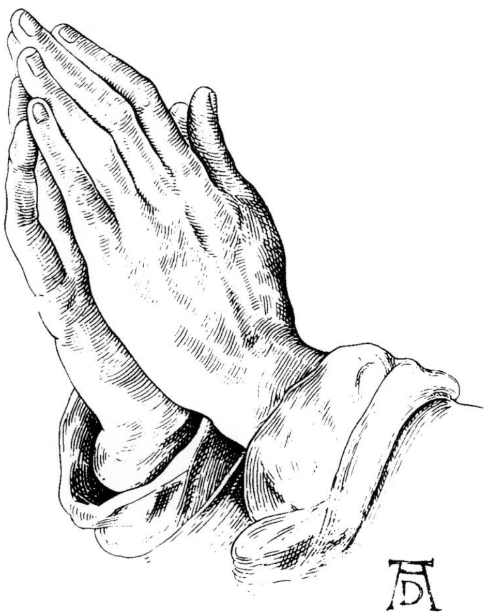

❖ ❁ ▼ ❅ ❒ unser im ❈ ❉ ❍ ❍ ❅ ●,
geheiligt werde dein ■ ❁ ❍ ❅.
Dein ❒ ❅ ❉ ❃ ❈ komme.
Dein ◗ ❉ ● ● ❅ geschehe,
wie im ❈ ❉ ❍ ❍ ❅ ●, so auf ❅ ❒ ❄ ❅ ■.
Unser tägliches ❂ ❒ ❏ ▼ gib uns heute
und vergib uns unsere ▲ ❃ ❈ ◆ ● ❄,
wie auch wir vergeben
unseren ▲ ❃ ❈ ◆ ● ❄ ❉ ❇ ❅ ❒ ■.
Und führe uns nicht in ❖ ❅ ❒ ▲ ◆ ❃ ❈ ◆ ■ ❇,
sondern erlöse uns von dem ❂ ★ ▲ ❅ ■.
Denn dein ist das ❒ ❅ ❉ ❃ ❈ und die ❋ ❒ ❁ ❆ ▼
und die ❈ ❅ ❒ ❒ ● ❉ ❃ ❈ ❋ ❅ ❉ ▼ in ❅ ◗ ❉ ❇ ❋ ❅ ❉ ▼.
Amen.

❁	❂	❃	❄	❅	❆	❇	❈	❉	❊	❋	●	❍	■	❏	★	❐	❑	❒	▲	▼	◆	❖	◗	❘	❙	❚
A	B	C	D	E	F	G	H	I	J	K	L	M	N	O	Ö	P	Q	R	S	T	U	V	W	X	Y	Z

Entziffere die Geheimschrift und schreibe das Vaterunser richtig auf.

Leporello: Das Vaterunser (1)

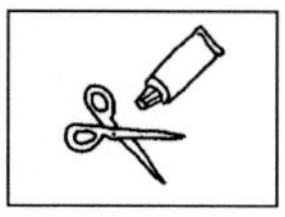

Bastle dir ein Streichholzschachtel-Gebets-Leporello.

Bastelanleitung (Teil 1)

1. Schneide das Leporello aus, klebe es an den Klebeflächen zusammen und falte es an den Punktlinien wie eine Ziehharmonika.

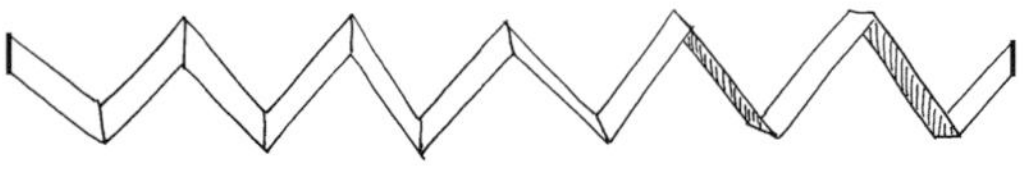

2. Schneide das Bild mit den betenden Händen aus und klebe es auf eine Streichholzschachtel.

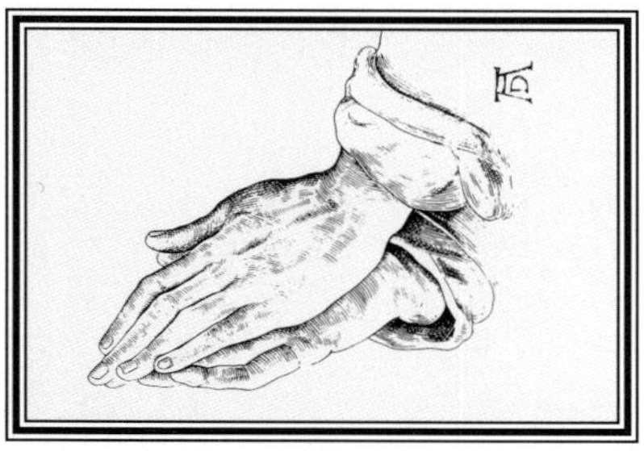

Bastelanleitung (Teil 2)

3. Schneide die Kärtchen aus und klebe sie in der richtigen Reihenfolge auf dein Leporello. Klebe den ersten Abschnitt (Bibel) mit der Rückseite in die Streichholzschachtel und befestige an der letzten Karte (Taube) einen kleinen Wollfaden (Loch). Falte dein Leporello zusammen und stecke es in die Schachtel.

Dein Reich komme.	Dein Wille geschehe,	und die Herrlichkeit in Ewigkeit.
Und führe uns nicht in Versuchung,	und vergib uns unsere Schuld,	Denn dein ist das Reich und die Kraft
Vater unser im Himmel,	geheiligt werde dein Name.	sondern erlöse uns von dem Bösen.
wie auch wir vergeben unseren Schuldigern.	Unser tägliches Brot gib uns heute	wie im Himmel, so auf Erden.
	Amen.	

Die ägyptischen Plagen (1) (2. Mose 3 bis 5)

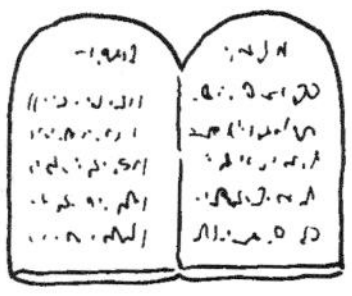

7

8

Die ägyptischen Plagen (2) (2. Mose 3 bis 5)

Die Frösche sind alle weg,
aber der Pharao lässt das Volk nicht gehen …

3. und 4. Plage

Der Herr schickt Schwärme von Stechmücken und Ungeziefer zu den Ägyptern.

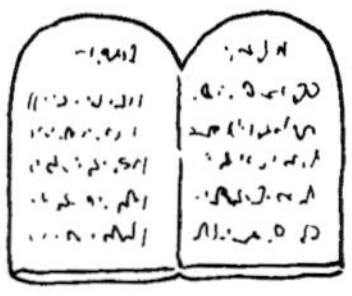

9

10

Der Pharao hält sein Wort nicht …

Immer wieder versprach der Pharao die Hebräer freizulassen, aber er hielt sein Wort nicht. Darum starb in der **5. Plage** das Vieh an der Pest und in der **6. Plage** litten die Ägypter unter ekelhaften Geschwüren.

Bd. 178. Heinz-Lothar Worm/Martina Schlecht: Religion – 3. Schuljahr

Mose ruft alle Stammesältesten zusammen. Der Aufbruch wird vorbereitet.

12

Die Israeliten feierten das Passafest. 7 Tage lang durfte nur ungesäuertes Brot gegessen werden. Ein Lamm wurde geschlachtet und mit dem Blut wurden ihre Häuser gekennzeichnet, damit der Todesengel sie verschonte. Es herrschte Wehklagen unter den Ägyptern, weil überall die Erstgeburt starb, auch der Sohn des Pharao. Da jagte dieser alle Hebräer davon.

11

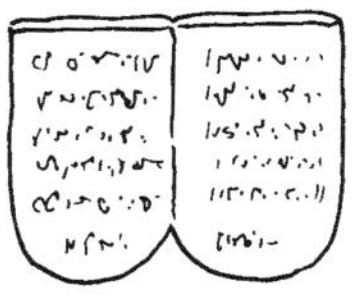

Die ägyptischen Plagen (3) (2. Mose 3 bis 5)

Bonifatius – Christus oder Donar (1)

Ein Hörspiel:
Winfried Bonifatius fällt die Donar-Eiche bei Geismar

Mitwirkende:

Wolfram, Wanicho, Siegfried (germanische Bauern aus der Nähe von Geismar)
Hiltrudis, Gundula, Roswitha (germanische Frauen aus der Nähe von Geismar)
Winfried Bonifatius (angelsächsischer Missionar, „Apostel der Deutschen")
drei Mönche

Wolfram:
(keuchend) Habt ihr es schon gehört? Das ist ja eine Ungeheuerlichkeit!

Hiltrudis:
Ach Wolfram, du bist es. Guten Morgen! Was führt dich denn so früh zu uns?

Wanicho:
Du bist ja ganz aufgeregt. Ist etwas geschehen? Es gibt doch nicht am Ende gar ... Krieg?

Wolfram:
(immer noch heftig atmend) Seid gegrüßt, Hiltrudis und Wanicho! Ach ... ich bin wirklich ganz verwirrt. Etwas ganz Schreckliches soll geschehen.

Hiltrudis:
Etwas ganz Schreckliches? Nun rede doch, Wolfram!

Wanicho:
Ja bitte, Wolfram! Sind Krieger unterwegs, um unser Dorf anzuzünden? Wir werden uns wehren.

Wolfram:
Nein, Wanicho, das nicht. Aber etwas anderes. Ruf doch Siegfried, Gundula und Roswitha herbei. Ich will es euch allen sagen.

Wanicho:
(laut) Gundula! Roswitha! Siegfried! Kommt bitte zum Hoftor! Eine wichtige Meldung!

Siegfried:
(nähert sich. Schritte sind zu hören.) Eine wichtige Meldung? Was mag das sein?

Roswitha:
(von Weitem) Ich komme gleich! *(Schritte nähern sich.)*

Gundula:
Was gibt es Neues? Dein Gesicht verheißt uns nichts Gutes, Wolfram.

Wolfram:
Hört alle zu! Fremde Männer von der Insel England sind gekommen, nach Geismar zur Donar-Eiche.

Hiltrudis:
Zur Donar-Eiche? Was ist daran so schlimm? Sie wollen unserem Gott Donar sicherlich ein Opfer bringen.

Siegfried:
Das ist doch kein Grund zur Aufregung.

Wolfram:
Nein, nein! Ihr versteht nicht. Sie haben ganz etwas anderes im Sinn!

Wanicho:
Nun sag es uns doch schon, Wolfram!

Gundula:
Ja bitte, Wolfram!

Wolfram:
Hört die Ungeheuerlichkeit! Sie wollen die alte heilige Eiche, die seit uralten Zeiten unserem Gott Donar geweiht ist und die kein Mensch berühren darf, einfach umhauen.

Roswitha:
Umhauen? Die heilige Eiche fällen? Das wird Donar nicht zulassen!

Hiltrudis:
Donar ist stark. Er wird seine Blitze schleudern und seinen Donner rollen lassen und diese fremden Männer erschlagen, ach was ... zermalmen wird er sie!

Siegfried:
Donar ist ein starker Gott. Jeder kann das merken, wenn er es donnern lässt und seine Blitze zur Erde schleudert. Er ist ein starker Gott!

Wolfram:
Die Fremden sagen, dass das nicht stimmt. Sie reden von einem anderen Gott. Der soll viel stärker als Donar sein.

Gundula:
Stärker als Donar? Das kann ich mir nicht vorstellen.

Wanicho:
Einen stärkeren Gott als Donar gibt es nicht. Donar zerschmettert mit seinen Blitzen mächtige Bäume und lässt Häuser abbrennen. Wir haben zu ihm gebetet und ihm Opfer gebracht, weil er so stark ist.

Wolfram:
Das ist ja alles richtig, aber diese Fremden sagen, sie wollen den Beweis erbringen, dass ihr Gott viel stärker ist und Donar nichts tun wird, wenn sie die Eiche fällen.

Siegfried:
Wie heißt denn dieser Gott, wenn er denn so stark sein soll ...

Wolfram:
Die Fremden sagen, es gäbe nur einen einzigen Gott im Himmel, der hätte seinen Sohn zu den Menschen auf die Erde geschickt. Dieser Sohn heißt Jesus Christus.

Hiltrudis:
Jesus Christus! Und der soll stärker sein als Donar?

Wolfram:
Deswegen wollen die Fremden ja die Donar-Eiche, den heiligen Baum, umhacken.

Roswitha:
Wann wollen sie das denn machen, Wolfram?

Wolfram:
Deswegen habe ich mich so beeilt. Schon heute Nachmittag wollen die Fremden den Baum umhacken.

Wanicho:
Das will ich sehen.

Alle:
(durcheinander) Ich auch, lasst uns schnell nach Geismar laufen und zuschauen!

(Zwischenmusik)

Wanicho:
Der alte Mann dort, das ist bestimmt der Bischof Winfried Bonifatius. Er hat schon eine Axt in der Hand.

Gundula:
Und wer sind die Männer bei ihm? Die mit den langen Mänteln?

Wolfram:
Die werden Mönche genannt. Sie erzählen überall von dem neuen Gott Jesus Christus, der stärker ist als Donar.

Hiltrudis:
Jeder weiß doch, dass derjenige sterben muss, der die heilige Eiche berührt. Donar wird diesen Bonifatius mit seinem Blitz erschlagen. Und die Männer in den Mänteln auch.

Siegfried:
Geht bloß nicht zu dicht an den Baum. Sonst könnte Donars Blitz euch versehentlich auch noch treffen.

Wolfram:
Der Alte winkt mit der Hand. Er will wohl etwas zu uns sagen.

Bonifatius:
Hört zu, ihr Bewohner dieses Landes! Bisher habt ihr zu Donar gebetet. Aber Donar ist schwach. Unser Gott ist stärker als Donar. Das wollen wir euch jetzt beweisen. Ihr alle wisst, dass niemand den heiligen Baum berühren darf, weil ihn Donar dann sofort mit seinem Blitz erschlägt. Nun hört, was ich vorhabe. Ich werde diesen Baum jetzt nicht nur berühren, sondern ihn umhacken.

1. Mönch:
Und dann schaut, ihr Leute, ob Donar seinen Baum schützt oder ob er zu schwach dazu ist.

2. Mönch:
Hier, Bonifatius, hier ist die Axt. Tue du den ersten Schlag!

Wanicho:
Das dürfen wir dem Fremden nicht gestatten. Wie kann der sich unterstehen, den heiligen Baum zu berühren.

Siegfried:
Gleich werden wir sehen, ob Donar seinen Blitz schleudert.

Wanicho:
Ich lasse es nicht zu. Ich erschlage diesen Fremden. Ich kämpfe für Donar.

Siegfried:
Aber Donar ist doch ein mächtiger Gott. Der kann für sich selbst kämpfen.

Roswitha:
Jetzt! Jetzt geht Bonifatius auf den Baum zu!

Gundula:
(entsetzt) Vorsicht! Gleich blitzt und donnert es gewaltig!

Wanicho:
Jetzt hat Bonifatius den Baum angerührt. Er erhebt die Axt ... *(Es sind Axthiebe zu hören.)* ... Warum geschieht denn nichts? Donar erschlägt diese Fremden nicht ...?

3. Mönch:
Gib mir die Axt, Bonifatius. Ich bin jünger als du, lass mich weiterarbeiten. *(Axthiebe.)*

Wolfram:
Ich kann es nicht fassen. Es geschieht wirklich nichts. Die Fremden dürfen ungestraft den Baum beschädigen ... und Donar zeigt sich nicht.

Bonifatius:
Wo bleibt euer starker Gott Donar? Er tut uns nichts. Er kann uns gar nichts tun, denn der Gott, von dem ich euch erzähle, der ist der Allerstärkste. Alle anderen Götter gegen ihn sind nichts.

Roswitha:
Aber wenn Donar wirklich schwächer ist als dieser Jesus Christus, dann ...

Gundula:
... ja, dann sollten wir lieber zu dem neuen starken Gott beten.

Hiltrudis:
Eigentlich habt ihr Recht. Dann müssten wir aber diese Fremden fragen, wie man das macht.

Wanicho:
Der Alte winkt mit der Hand. Er möchte etwas sagen.

Bonifatius:
Ihr habt es gesehen, ihr Leute aus diesem Land, dass mein Gott stärker ist als eurer. Wenn ihr euch nun auf die Seite des stärkeren Gottes schlagen wollt, wenn ihr ihn kennen lernen und zu ihm beten wollt, dann lade ich euch ein, in ein paar Tagen hierher zurückzukehren. Aus dem Holz der Eiche des schwachen Donar wollen wir ein Haus für unseren Gott zimmern. Wir nennen ein solches Haus Kirche.

1. Mönch:
In diesem Haus wollen wir euch von unserem starken Gott erzählen.

2. Mönch:
Wir wollen euch unterweisen, wie ihr mit diesem Gott sprechen könnt.

3. Mönch:
Und wenn ihr euch entschlossen habt, in Zukunft zu dem neuen Gott zu beten, dann wollen wir euch taufen. Dann gehört ihr auch zu der Schar Christen, die den starken Gott verehrt.

Wolfram:
Da müssen wir uns jetzt ernsthaft Gedanken machen. Wenn Donar so schwach ist, dann will ich eigentlich mit ihm nichts mehr zu tun haben.

Roswitha:
Da, jetzt ... der Baum fällt ...
(Knacken von Holz ist zu hören.)

Gundula:
Die heilige Eiche ...

Wanicho:
Sie liegt am Boden.

Hiltrudis:
Dieser Jesus Christus
ist wirklich der Stärkere.

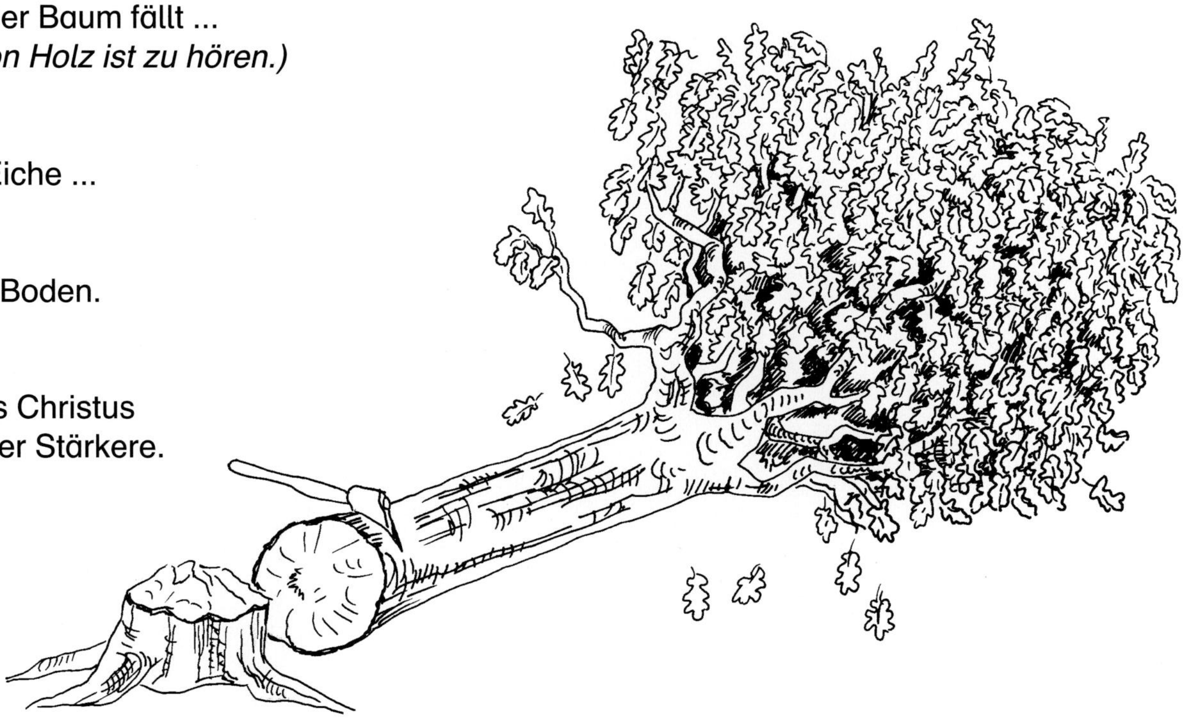

Der Auszug aus Ägypten (1) (2. Mose 13 und 14)

Die Israeliten machen sich auf den langen Weg in das verheißene Land. Gott führt sein Volk am Tag durch eine Wolkensäule und in der Nacht durch eine Feuersäule.

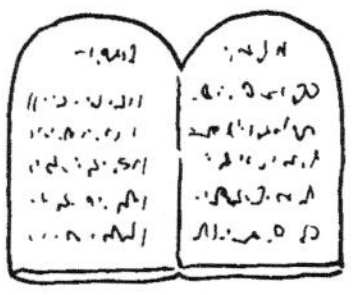

13

14

Der Auszug aus Ägypten (2) (2. Mose 13 und 14)

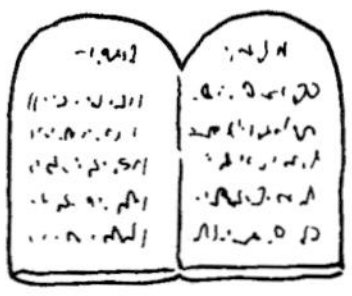

15

16

Danken will ich meinem Gott

Text: nach Psalm 34

Danken will ich meinem Gott

Melodie und Satz: Heinz-Lothar Worm

2. Keinen lässt er hilflos sein, der sich an ihn wendet.
Traue seinem starken Arm, der die Not beendet.
Gottes Güt', Gottes Treu' ist an jedem Morgen neu.

3. Wenn du ganz verzweifelt bist, kannst du's vor ihn bringen,
dann schenkt er dir neuen Mut, lässt dich wieder singen.
Gottes Güt', Gottes Treu' ist an jedem Morgen neu.

Der Weg durch die Wüste (1) (2. Mose 15 bis 17)

Die Ägypter jagten den Hebräern auf dem Weg durch das Meer nach. Da kam die Wasserflut zurück. Alle Soldaten und Streitwagen kamen im Meer um.

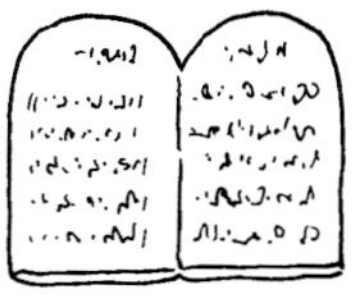

17

18

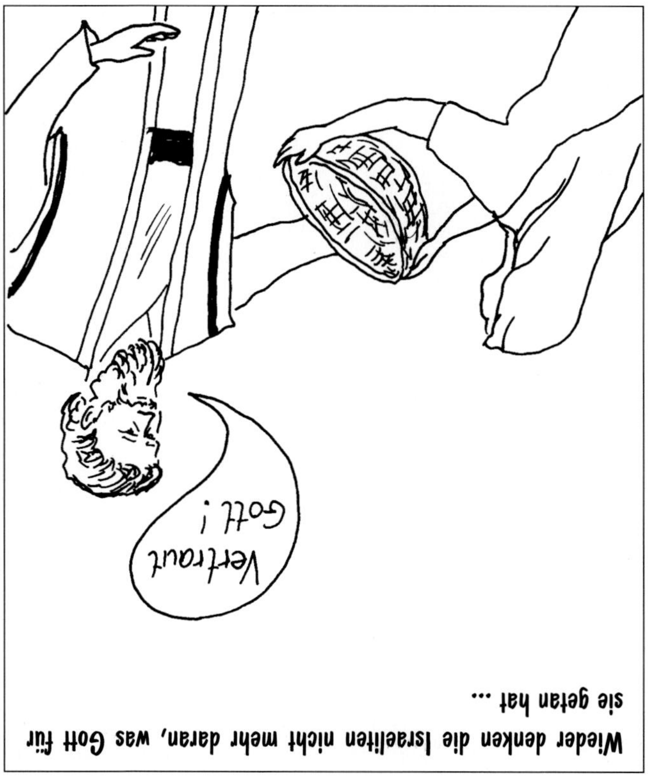

Der Weg durch die Wüste (2) (2. Mose 15 bis 17)

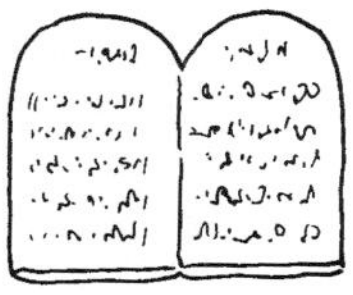

19

20

Die Israeliten wurden von einem Wüstenvolk angegriffen und mussten um ihr Leben kämpfen. Nur wenn Mose seinen Stab hochhielt, siegte das Volk Israel durch Gottes Hilfe. Werden seine Arme müde und sinken, siegen die Gegner. Darum stützten Aaron und Hur seine Arme.

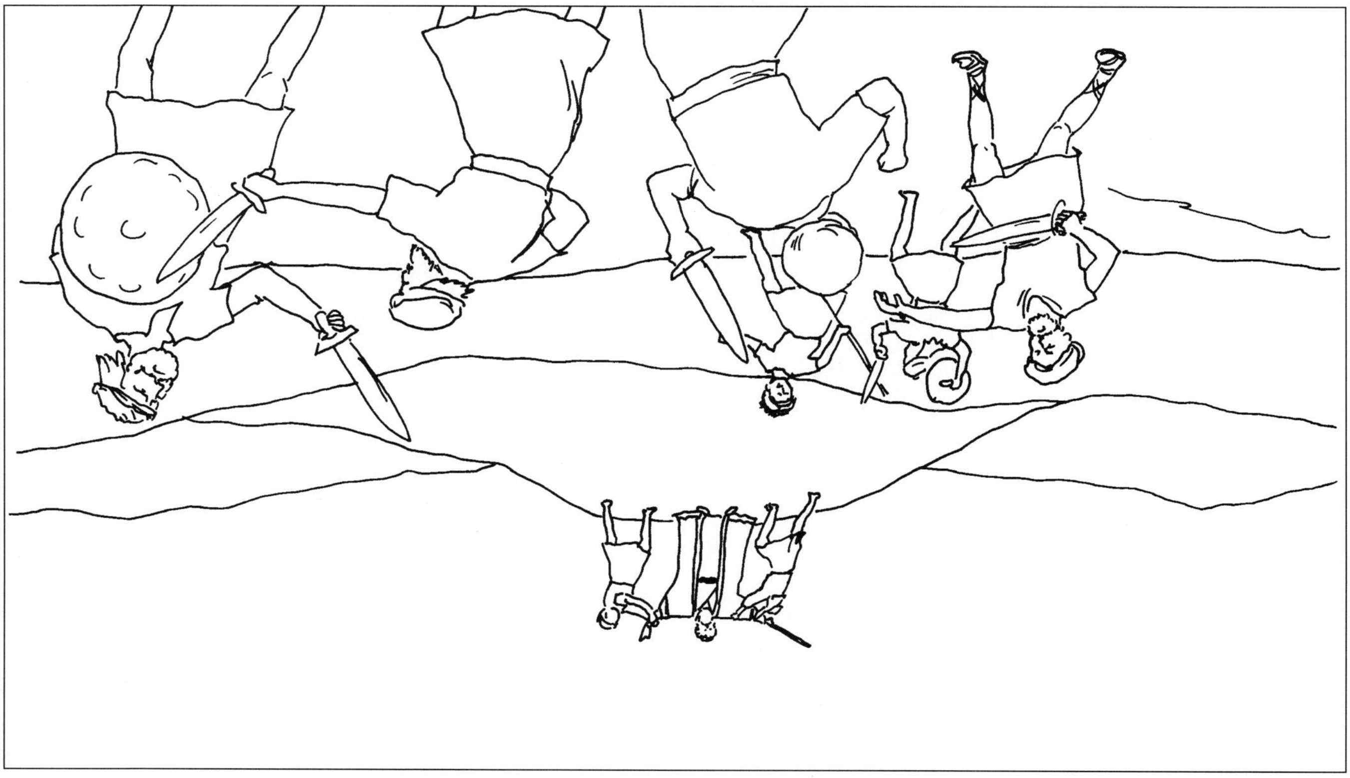

Franz von Assisi (1)

Er segnete die Menschen und sagte zu ihnen: „Vermehrt euch! Breitet euch über die Erde aus und nehmt sie in Besitz! Ich setze euch über die Fische, die Vögel und alle anderen Tiere und vertraue sie eurer Fürsorge an.“

(1. Mose 28)

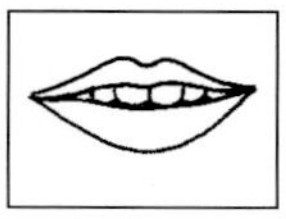

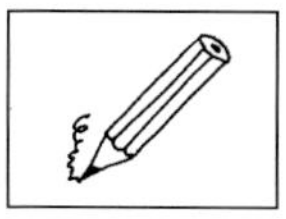

Sprecht darüber, ob die Menschen den Aufruf Gottes befolgt haben. Schreibe Beispiele auf, wo die Menschen die Schöpfung missachten.

Um das Jahr 1181 wurde Franziskus in Assisi in Italien geboren. Sein Vater war ein reicher Tuchhändler. Zunächst lebte er fröhlich in den Tag hinein und vergnügte sich mit ritterlichen Spielen. Der Reichtum seiner Eltern erschien ihm äußerst angenehm. Dann erlebte er in zwei Kriegen, an denen er teilnahm, wie vergänglich alles Irdische war. Im Alter von etwa 24 Jahren zog er sich plötzlich in die Einsamkeit zurück und verzichtete auf allen Besitz. Er wollte nur noch in Armut leben, Nächstenliebe üben und ganz seinem Schöpfer dienen. Freunde schlossen sich ihm an. So entstand der Orden der Bettelmönche. Am Ende seines Lebens dichtete er den berühmt gewordenen Sonnengesang, ein jubelndes Danklied an den Schöpfer. Franz von Assisi hatte die Gabe, in allen Dingen der Natur Gott zu hören und zu sehen. Alle Dinge in der Natur waren für ihn eine einzige große Familie. Darum wurde sein Namenstag, der 4. Oktober, zum Welttierschutztag ernannt. Dieser Gedenktag soll uns an die Verantwortung erinnern, die Gott uns für die gesamte Schöpfung aufgetragen hat. Franz von Assisi starb 1226.

Franz von Assisi (2)

Der Sonnengesang

1. Erhabenster, allmächtiger, guter Herr,
dein sind der Lobpreis und die Herrlichkeit
und die Ehre und jegliche Benedeiung.

2. Dir allein, Erhabenster, gebühren sie
und kein Mensch ist würdig, dich zu nennen.

3. Gepriesen seist du, mein Herr,
mit allen deinen Geschöpfen,
zumal der Herrin, Schwester Sonne,
denn sie ist der Tag
und spendet das Licht uns durch sich.

4. Und sie ist schön und strahlend im großen Glanz.
Dein Sinnbild trägt sie, Erhabenster.

5. Gepriesen seist du, mein Herr,
durch Bruder Mond und die Sterne,
am Himmel hast du sie gebildet,
hell leuchtend und kostbar und schön.

6. Gepriesen seist du, mein Herr,
durch Bruder Wind und durch die Luft
und Wolken und heiteren Himmel
und jegliches Wetter, durch welches du
deinen Geschöpfen den Unterhalt gibst.

7. Gepriesen seist du, mein Herr,
durch Schwester Wasser,
gar nützlich ist es und
demütig und kostbar und keusch.

8. Gepriesen seist du, mein Herr,
durch Bruder Feuer, durch das du
die Nacht erleuchtest; und es ist schön
und liebenswürdig und kraftvoll und stark.

9. Gepriesen seist du, mein Herr,
durch unsere Schwester, Mutter Erde,
die uns ernährt und lenkt
und mannigfaltige Frucht hervorbringt
und die bunten Blumen und Kräuter.